U0165466

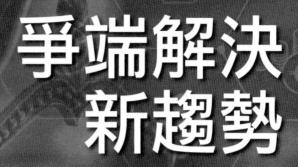

爭端解決
新趨勢

商業事件審理法評析

協合國際法律事務所

序

　　受全球化、數位化浪潮影響，現代法律紛爭的類型愈趨複雜與多元化，連帶促進爭端解決機制之改革與創新。有鑑於此，本書著重於分析現代法律紛爭類型下所適用之爭端解決機制，並透過實務案例分享相關經驗，迎接劃時代之新課題。

　　本書主題涵蓋「商業事件審理法新開展」、「其他訴訟程序修法評析」、「商業、跨國及併購紛爭介紹」及「實務案例分析」等多方面領域，首先評析近期新公布之商業事件審理法及其他訴訟程序修法，後續介紹全球化下商業、跨國及併購紛爭，最後藉由實務案例分享，將抽象的法律概念具體化，使讀者更能理解實務見解與操作方式。

　　《爭端解決新趨勢》一書的誕生要歸功於本所律師群，感謝律師們忙於工作之餘研究撰寫文章，分享經驗，我們竭誠歡迎各界不吝賜教。

協合國際法律事務所

目　錄

第四篇　實務案例分析

第一篇

商業事件審理法新開展

從一般程序到特殊程序——
民事訴訟法、商業事件審理法與
智慧財產案件審理法之比較運用

朱漢寶、陳璽仲

壹、前言

　　全球化與數位化造就商業的高度競爭。企業除了不斷在商品品質、成本控制、服務創新等領域創造競爭力外，在後端的紛爭處理上，也需要有效的機制維持其競爭優勢。而這套機制，不只是企業內部應設計良好的管理制度，在總體環境上，國家的政策與法制也必須提供一套相應於現今競爭環境有效的紛爭解決機制；才不致使其企業努力取得的競爭優勢只能曇花一現，不利於國家商業環境上的發展。

　　國家設置「民事訴訟程序」，是解決「私權糾紛」所進行的訴訟程序。易言之，訴訟程序是手段，解決私權糾紛為其目的。手段的設計，必須有助於目的之達成，才會被認為是有效的手段。質言之，若要有效地解決各式各樣的民事紛爭，在程序之設計上，必須依照紛爭的特性，適用一套最適當的訴訟程序制度。

　　隨著數位科技時代的全面來臨，人與人之間的互動關係錯綜複雜，商業型態更是千變萬化，其衍生的糾紛已難單純以「民事訴訟法」加以解決。舉例而言，「滑手機」這個在現代生活中再平凡不過的動作，背後可能牽涉數十甚至數百個專利技術。蘋果公司（Apple）即曾以「觸控專利侵權」控告三星公司（Samsung）請求賠償[1]。但對於具法律專業但無科

---

[1] 雖然這個案例並非在臺灣法院進行訴訟，但仍值得參考與借鏡。參閱北美智權報（2012/8/16），〈Apple vs. Samsung世紀專利戰之觸控攻防〉，http://www.naipo.com/Portals/1/web_tw/Knowledge_Center/Infringement_Case/publish-31.htm（最後瀏覽日：2020/10/14）。

技知識的法官來說，若要求法官徹底瞭解「觸控」的技術內容後才能判斷系爭專利權有無被侵害，肯定是曠日廢時，訴訟成本大增，導致紛爭無法被有效解決。

　　再觀察臺灣近期案例，例如2017年大同公司發生之經營權紛爭，因為訴訟期間太長，導致爭議無法在董事之法定任期屆滿前獲得完善的解決[2]，甚或是SOGO經營權紛爭，案件歷經十八年都尚未解決[3]。可知，單一的民事訴訟程序已經難以有效地解決現今複雜的商業環境所產生的紛爭。倘若我國訴訟程序無法符合現今高度競爭的商業環境的要求，手段無法有效地達成目的，恐阻礙國家商業環境的發展。

　　但相對而言，倘若一味追求訴訟進行速度，負責斷案的法官無法釐清當事人間糾紛的實際狀況，其判決又如何能讓當事人信服，進而平息紛爭呢？

　　有鑑於此，為平衡訴訟審判上有關「正確」與「迅速」在實務上的矛盾，兩部「特殊」且「專業」的民事訴訟法，即相應而生[4]。首先是智慧財產案件審理法，2007年3月28日由總統公布，並在2008年7月1日正式施行，施行至今已逾十年[5]；而商業事件審理法，亦於2020年1月15日由總統公布，並將在2021年7月1日正式施行[6]。茲分述並比較民事訴訟法規範如下。

---

[2]　臺大法律系專精公司法的黃銘傑教授表示：「有關大同案，大家都知道這是一個耍賴式的做法。長期以來我國法律功能不彰、司法曠日廢時，讓這個社會變成『不要臉的人就可以主導公司』。這次主管機關義正嚴辭說要循司法管道處理，但經營權這種事可以慢慢來嗎？等到案子審完，董事任期也過了，遲來的正義就不是正義。」參閱鏡周刊（2020/7/8），〈靠訴訟拖過任期　他批不要臉的人就可以主導公司〉，https://www.mirrormedia.mg/story/20200707fin006/（最後瀏覽日：2020/9/30）。

[3]　自由時報（2020/9/22），〈「SOGO像魔戒」經營權已鬥18年〉，https://m.ltn.com.tw/news/society/paper/1401272（最後瀏覽日：2020/9/30）。

[4]　不過以智慧財產案件審理法為例，有論者認為，新法之所以上路不完全是為更有效地解決糾紛，某程度還有對外經貿談判的策略考量。參閱章忠信（2007），〈智慧財產法院的建立與未來〉，《全國律師》，11卷4期，頁64。

[5]　實際上，智慧財產案件審理法不只是一部「特殊」的民事訴訟法，該部法律，亦涵括刑事訴訟與行政訴訟的遊戲規則。與這部法律相互搭配的是，於同一天通過的智慧財產法院組織法。

[6]　商業事件審理法，不像智慧財產案件審理法尚包括刑事與行政訴訟的部分，它是名符其實的「特殊」民事訴訟法。而與這部法律相互搭配的是，於同一天通過的智慧財產法院組織法之修正（改為「智慧財產及商業法院組織法」）。

貳、從民事訴訟法到智慧財產案件審理法

　　智慧財產案件審理法第1條規定：「智慧財產案件之審理依本法之規定；本法未規定者，分別依民事、刑事或行政訴訟程序應適用之法律。」據此，可知智慧財產案件審理法為民事訴訟法之特別規定，將「智慧財產案件」原則上改依智慧財產案件審理法進行訴訟程序，僅在智慧財產案件審理法未規定時適用民事訴訟法[7]。其主要有四點特色：一、允許遠距視訊審理；二、設置技術審查官；三、引進秘密保持命令的制度；四、智財機關參加訴訟的制度。以下分別探討之：

一、允許遠距視訊審理

　　依照民事訴訟法之規定，除證人[8]外，其他訴訟關係人原則上並無遠距視訊審理的機會[9]。換言之，訴訟關係人原則上須親自到法院開庭。惟當該訴訟關係人之居所與法院之距離遙遠，或一旦案件之訴訟期間拉長，恐將產生可觀的「交通費用成本」，不利於訴訟效率。

　　有鑑於此，在智慧財產案件中，因為目前我國只有新北市板橋區設立智慧財產法院，且智慧財產案件之訴訟關係人常涉及國外法人或自然人，預期會有較高的交通費用成本，故智慧財產案件審理法第3條第1項規定，智慧財產案件的審理，包含當事人、代表人、代理人、辯護人、輔佐人、證人、鑑定人或其他訴訟關係人，其所在處所與法院間有聲音及影像相互傳送之科技設備而得直接審理者，法院得依聲請或依職權以該設備為遠距視訊審理[10]。對此，司法院更進一步訂頒「法院辦理智慧財產案件遠距訊問作業辦法」，讓遠距視訊審理在實務面的操作上有更明確的規則可資依循。如此一來，不但有助於降低解決糾紛的成本，更能讓訴訟資源集中在解決主要爭議上，以促進紛爭之解決而獲致更有效率的結果。

---

[7]　何種案件屬於智慧財產案件，應依智慧財產及商業法院組織法第3條之規定為斷。

[8]　參民事訴訟法第305條第5項規定：「證人所在與法院間有聲音及影像相互傳送之科技設備而得直接訊問，並經法院認為適當者，得以該設備訊問之。」

[9]　參閱章忠信，同註4，頁70-71。

[10]　相類似的規定，也可見於2011年三讀通過的家事事件法中（參家事事件法第12條）（在理解上，我們可以把家事事件法當作一種「特別的民事訴訟法」，它將家事事件另外依照家事事件法的規則進行審理）。2019年經立法院三讀通過的商業事件審理法第18條，也有類似規定。

　　惟截至2020年底，從線上法學資料庫的搜尋結果觀察，此制度似未得到廣泛應用[11]。以智慧財產法院104年度民商訴字第2號民事判決爲例，案件被告住在嘉義市，其主張若要到板橋智財法院開庭，坐火車來回就要耗費七小時以上，舟車勞頓，恐有發生交通意外之風險，因此聲請法院改採遠距視訊審理。然而，法院最終不准遠距審理，原因是原被告雙方都未委任律師，若採遠距視訊審理可能產生審理上的困難。據此以觀，遠距審理雖然已明文爲得適用之制度，卻未廣泛落實於實際案例中，使此制度欲降低訴訟成本的目的難以達成。

　　值得注意的是，2020年初COVID-19大規模地改變人類既有的生活模式，居家辦公逐漸成爲各行各業的新工作型態，再加上遠距科技技術日新月異、推陳出新，或許未來法院會更願意嘗試以遠距視訊進行審理。

二、設置技術審查官

　　由於智慧財產案件常涉及跨領域之科技專業問題，爲協助法官審理案件之技術判斷、相關技術資料之蒐集、分析及對於技術問題提供意見，因此立法者參考日本調查官與韓國技術審理官之制度，在智慧財產案件審理法第4條、第5條引入技術審查官的制度，以協助法官精確判斷技術問題，俾增強其在訴訟中處理技術的能力[12]。依智慧財產案件審理法第4條之規定，技術審查官除了能對當事人、證人、鑑定人發問及向法官爲意見陳述外，更能在證據保全、保全程序、強制執行程序中利用其專業知識提供協助[13]。其定位是法官的輔助人，性質上是公務員，與法官處於合作關係，非屬任何一造當事人所聲明之證人或鑑定人，所提出的報告書基本上

---

[11]　2020年10月13日，在Lawsnote法學資料庫，鍵入「相互傳送之科技設備&智慧財產案件審理法」作爲搜尋關鍵字，僅找到7筆裁判（含民事裁判與刑事裁判）。這樣的數據，可做出兩種推論：第一，司法實務上，很常採取遠距視訊審理，但並未在裁判書上載明，因此僅找到寥寥無幾與此有關的裁判；第二，司法實務上確實很少採取遠距視訊審理，而這也反映在裁判書的內容上，因此才會僅找到這麼少筆數的裁判。從筆者個人經驗來看，第二種推論較符合臺灣法院的實際狀況。

[12]　參閱許正順（2013），〈如何提高智慧財產案件之審判功能——以技術審查官之實務運作爲中心〉，《專利師》，12期，頁1-2。

[13]　智慧財產案件審理法第4條：「法院於必要時，得命技術審查官執行下列職務：一、爲使訴訟關係明確，就事實上及法律上之事項，基於專業知識對當事人爲說明或發問。二、對證人或鑑定人爲直接發問。三、就本案向法官爲意見之陳述。四、於證據保全時協助調查證據。五、於保全程序或強制執行程序提供協助。」

僅供法官內部參考，且不對外公開[14]，以補充法官在非法律領域專業知識的不足[15]。

　　但以目前智財法院僅配置13位技術審查官[16]之情形，恐難以應付逐年增加的智財案件量[17]。再者，因隔行如隔山，同屬智慧財產權之相關爭議，但分屬不同領域的專業知識，本應由相應的技術審查官負責協助，在前揭技術審查官有限的員額配置下，面對日益複雜的科技與技術，必有其窮盡之處[18]，此實為目前技術審查官制度所面臨的挑戰。

三、引進秘密保持命令的制度

　　為防止營業秘密因提出於法院而洩漏，民事訴訟法第195條之1[19]、第242條第3項[20]、第344條第2項[21]及營業秘密法第14條第2項[22]等，對於訴訟中涉及當事人或第三人持有之營業秘密，已明定法院得為不公開審判、不予准許或限制訴訟資料閱覽等保護機制。然而，他造當事人之辯論權及證明權亦同受法律之保障，不能僅因訴訟或證據資料屬於當事人或第三人之營業秘密，即妨礙他造當事人之辯論或證明。據此，為兼顧營業秘密之保

---

[14] 智慧財產案件審理細則第16條：「法院得命技術審查官就其執行職務之成果，製作報告書。如案件之性質複雜而有必要時，得命分別作成中間報告書及總結報告書。技術審查官製作之報告書，不予公開。但法院因技術審查官提供而獲知之特殊專業知識，應予當事人辯論之機會，始得採為裁判之基礎。」由此條文更可知，技術審查官作成之報告書僅供法官內部參考，即便是訴訟中的當事人也未必能查閱，除非依法應給予當事人就該報告書有辯論之機會。

[15] 參閱熊誦梅（2012），〈分久必合，合久必分──臺灣智慧財產訴訟新制之檢討與展望〉，《月旦民商法雜誌》，38期，頁35；許正順，同註12，頁3-4。

[16] 智慧財產法院網站，〈技術審查官名冊〉，https://ipc.judicial.gov.tw/ipr_internet/index.php?option=com_content&view=article&id=52:2011-01-11-01-56-12&catid=19:2012-09-13-07-04-11&Itemid=318（最後瀏覽日：2020/10/14）。

[17] 相同看法可參閱：許正順，同註12，頁9-10。

[18] 有論者即指出，從2012年8月以前的數據來看，技術審查官協助智財法院各類案件的技術事項，以機械類最多（將近四成三），生技醫藥類最少，並進一步認為，員額如此有限的技術審查官面對浩瀚無垠的各種專業領域，實在難以提供法官充分的專業知識。參閱許正順，同註12，頁9。另可參閱張哲倫（2017），〈對智慧財產法院成立10年專利審判實務之總體觀察及建議〉，《專利師》，30期，頁17。

[19] 民事訴訟法第195條之1：「當事人提出之攻擊或防禦方法，涉及當事人或第三人隱私、業務秘密，經當事人聲請，法院認為適當者，得不公開審判；其經兩造合意不公開審判者，亦同。」

[20] 民事訴訟法第242條第3項：「卷內文書涉及當事人或第三人隱私或業務秘密，如准許前二項之聲請，有致其受重大損害之虞者，法院得依聲請或依職權裁定不予准許或限制前二項之行為。」

[21] 民事訴訟法第344條第2項：「前項第五款之文書內容，涉及當事人或第三人之隱私或業務秘密，如予公開，有致該當事人或第三人受重大損害之虞者，當事人得拒絕提出。但法院為判斷其有無拒絕提出之正當理由，必要時，得命其提出，並以不公開之方式行之。」

[22] 營業秘密法第14條第2項：「當事人提出之攻擊或防禦方法涉及營業秘密，經當事人聲請，法院認為適當者，得不公開審判或限制閱覽訴訟資料。」

護，及因不許或限制他造當事人之閱覽或開示，妨礙他造當事人之辯論之利益衝突，爰於智慧財產案件審理法第11條第1項[23]明定秘密保持命令之制度。

　　所謂秘密保持命令，指在證據等訴訟資料中，如有包含營業秘密時，法院經營業秘密持有人聲請，就該營業秘密爲禁止使用或開示之命令。若違反秘密保持命令，可能會受刑事責任之處罰[24]。秘密保持命令之制度，除鼓勵營業秘密持有人於訴訟中提出資料，以協助法院作出適正裁判外，受秘密保持命令之人亦得因接觸該資料進行實質辯論，而無損於其訴訟實施權及程序權之保障[25]。

　　然而，制度雖然立意良善，但若不謹慎操作，則可能衍生新的問題：

　　其一，依智慧財產案件審理法第11條第1項規定，秘密保持命令必須透過商業機密持有人向法院聲請，法院無權主動作成秘密保持命令。但在實務上即有當事人以此作爲訴訟策略的一環，即僅聲請讓對造當事人之「律師」作爲秘密保持命令之核發對象，卻不列入當事人本身。倘若法院依聲請僅以律師爲對象作成秘密保持命令，將會造成律師研究完商業機密的卷證資料後，因受制於秘密保持命令而無法與當事人進行討論[26]。

　　其二，商業機密之相關卷證資料有時浩繁龐雜，實務上通常是由律師及秘書整體團隊一起辦案，若因律師受到秘密保持命令之限制，僅律師得

---

[23] 智慧財產案件審理法第11條第1項：「當事人或第三人就其持有之營業秘密，經釋明符合下列情形者，法院得依當事人或第三人之聲請，對他造當事人、代理人、輔佐人或其他訴訟關係人發秘密保持命令：一、當事人書狀之內容，記載當事人或第三人之營業秘密，或已調查或應調查之證據，涉及當事人或第三人之營業秘密。二、爲避免因前款之營業秘密經開示，或供該訴訟進行以外之目的使用，有妨害該當事人或第三人基於該營業秘密之事業活動之虞，致有限制其開示或使用之必要。」

[24] 智慧財產案件審理法第35條：「違反本法秘密保持命令者，處三年以下有期徒刑、拘役或科或併科新臺幣十萬元以下罰金。前項之罪，須告訴乃論。」

[25] 最高法院107年度台抗字第625號裁定參照。

[26] 透過這樣秘密保持命令的聲請制度來建構訴訟策略的實例，可從一則違反著作權的刑事案件中看出一些端倪。該案前經被告聲請核發秘密保持命令予告訴代理人范曉玲、林翰緯律師（臺灣臺北地方法院103年度聲字2585號刑事裁定），後由臺北地檢署檢察官向法院聲請對另外三人——林小琪、蔡加春、陳建銘——核發秘密保持命令，並於聲請意旨中提到：「……被告僅對具法律專業之告訴代理人范曉玲、林翰緯律師聲請發秘密保持命令，而無任何電路設計專業人員，即『刻意』（註：自行加註）將告訴人威盛公司內具電路設計專業之告訴代理人林小琪排除在聲請對象之外，致因本案卷內證據資料涉及電路設計專業，非由電路設計專業人員檢閱卷證，實難爲任何訴訟上之主張，須由告訴人威盛電子股份有限公司（下稱威盛公司）指派電路設計專業人員檢視、閱覽後，始能進行訴訟上之主張，並協助檢察官實行公訴。」就檢察官之聲請（參照臺灣臺北地方法院104年度聲字第1974號刑事裁定），法院表示，應當審酌有無發秘密保持命令之必要，以兼顧聲請人即檢察官就本案訴訟進行，及被告祥碩公司之營業秘密。而在本案中，考量林小琪、蔡加春、陳建銘這三人，皆得作爲輔助聲請人公訴電路設計專業之不足，並藉以強化被害人即告訴人威盛公司參與訴訟程序，自有發秘密保持命令之必要。

接觸該卷證資料但秘書不得接觸，可能導致辦案曠日費時而無效率[27]。

　　因此秘密保持命令制度仍有進一步檢討、突破之處。學者黃國昌曾撰文指出：「具體而言，在劃定得接觸特定營業秘密之主體範圍的問題上，營業秘密持有人在聲請秘密保持命令時，對應受秘密保持命令拘束之相對人之指定，不應使其具有拘束法院與其他當事人之效力。以日本於施行秘密保持命令制度後迄今所唯一出現之案件為例，被控侵害原告專利權之被告所提出之秘密保持命令聲請，逕以原告之二名委任律師為相對人。對於被告而言，其目的乃在於『限制僅有該二名律師始得接觸系爭營業秘密之內容。』然而，對於『原告側中之何人得就系爭資訊進行訴訟之準備與實施』的問題，並無由被告片面指定之理，而應由兼顧『保障原告實質之辯論權』與『保護營業秘密的必要』之觀點，由法院予以裁量決定。」[28]值得參酌，尤其未來秘密保持命令制度的需求將日益增加，法院對於秘密保持命令恐受濫用的態度，值得關注[29]。

四、建構智財機關參加訴訟的制度

　　在民事訴訟中，除當事人外，各訴訟利害關係人在官司進行中均有一定的法律地位或身分，比如說共同原被告、證人、鑑定人等，否則在法庭上的陳述即難以合法地影響法院的裁判或作為法院裁判的基礎。舉最簡單之例，坐在法院旁聽席的人即便在言詞辯論程序中有所發言，基本上法院也無法將該等發言採納為裁判基礎（現實上至多在非法律的心理層面影響法官之心證）。由此可知，一個人在法庭上發言的效果，取決於該人是否取得訴訟程序進行中的法律地位。在一般民事訴訟中，設有「參加人」的制度，讓與訴訟有利害關係之人能取得「參加人」的法律地位，協助原被告其中一方進行攻防，進而取得勝訴判決。

　　而在智慧財產案件方面，由於許多智慧財產權的存在，是有待智財主

---

[27] 實務上即有類似案例而向法院聲請讓律師事務所裏頭的秘書及助理一併成為秘密保持命令的核發對象，然而法院最終不准許。參照智慧財產法院107年度民秘聲上字第6號民事裁定。

[28] 參閱黃國昌（2008），〈「公正裁判確保」與「營業秘密保護」的新平衡點——簡介智慧財產案件審理法中之秘密保持命令〉，《月旦民商法雜誌》，21期，頁63。

[29] 從統計數據看來，秘密保持命令的制度有運用地愈來愈廣泛的趨勢。參閱民事聲請秘密保持命令事件核准比率，https://ipc.judicial.gov.tw/ipr_internet/doc/Statistics/10910-9.pdf（最後瀏覽日：2020/10/30）。

管機關審核註冊後才具有效力的,以專利權爲例,主管機關依法即有權撤銷已登記之專利權,撤銷後,智慧財產權即失效。因此倘若智財法院審理智慧財產的存否與智財主管機關有所歧異,很可能就會產生智財法院與主管機關各說各話的窘境。有鑑於此,智財機關參加訴訟的制度才應運而生[30]。如此參加制度,雖是仿效一般民事訴訟法上的訴訟參加制度,但可以說智慧財產案件審理法此一參加制度又更上一層樓。原因是,若援用一般民事訴訟法的參加制度,智財主管機關很可能會因爲與案件本身「沒有利害關係」而被拒絕參加訴訟。於智慧財產案件審理法增訂了智財主管機關的訴訟參加制度,即能讓智財主管機關在訴訟程序中有一個法律地位,適時地表達其專業意見,以避免司法裁判與行政決定有所歧異。

但值得注意的是,在一般民事訴訟中,所謂的訴訟參加,是指參加訴訟之人選擇加入成爲某一方當事人的陣營,協助該當事人進行訴訟上的攻防,進而取得勝訴判決。然而在智慧財產案件中,智財主管機關之所以有參加訴訟的制度,目的是爲了避免法院的裁判與其認定有所出入而發生矛盾的情況,在這樣的背景下,似乎很難要求智財主管機關於參加訴訟時必然要加入哪一方當事人的陣營[31]。就此,我國最高法院似乎仍認爲,智財主管機關應表明究竟要加入哪一方當事人的陣營,否則很有可能因訴訟程序的合法性會被挑剔[32],而完全無法達成該法所設計「智財主管機關參加訴訟」之意旨。

參、從民事訴訟法到商業事件審理法

觀諸商業事件審理法第2條第2項規定可知,其爲民事訴訟法之特別規定,將「商業訴訟案件」原則上改依商業事件審理法進行訴訟程序,僅在商業事件審理法未規定時適用民事訴訟法[33]。除承襲智慧財產案件審理法既有的秘密保持命令制度外,商業事件審理法主要有四點特色:一、嚴

---

[30] 參閱范光群(等著)(2009),〈智慧財產民事訴訟新貌之問題探討——著重「智慧財產法院組織法」及「智慧財產案件審理法」施行後將面臨的問題〉,《民事訴訟法之研討(十六)》,頁112-113。

[31] 參閱范光群(等著),同註30,頁114-115。

[32] 參照最高法院102年度台上字第1800號民事判決。

[33] 何等訴訟案件屬於商業訴訟事件,應依商業事件審理法第2條第2項之各款規定爲斷(基本上糾紛的金額都在新臺幣1億元以上)。

格強制律師代理；二、貫徹計畫審理的模式；三、引進當事人查詢的制度；四、明確化專家證人的制度[34]。以下分別探討之：

一、嚴格強制律師代理

我國民事訴訟法係以「當事人本人訴訟」為其主軸，基本上不要求訴訟當事人委任律師或其他訴訟代理人，當事人可自行撰擬書狀、出庭發言，當然訴訟勝敗也應自行承擔（例外是，上訴第三審時，民事訴訟法強制應委任律師作為訴訟代理人）。此好處在於，當事人欲實行憲法所賦予之訴訟權，毋庸先支付律師費用；然壞處在於，當事人可能不熟悉民事訴訟的有關規定而有勞承審法官多加闡釋，終致訴訟延滯的後果[35]。

鑑於商業事件有速戰速決且高度專業的特性，再加上商業事件的原被告通常較有資力負擔律師費用（不過商業事件審理法第6條第3項仍配套設計訴訟救助的規定，以避免特定情況下當事人無資力委任律師），商業事件審理法特設強制代理之制度，除要求當事人基本上均應委任律師作為訴訟代理人外，更進一步規定商業事件「原則上[36]」均應由該訴訟代理人為訴訟行為，換言之當事人原則上不應自行處理商業訴訟事件，即便為之，亦不生效力[37]。舉最明顯之例，商業事件審理法第12條規定：「當事人或關係人、參加人或參與人應委任程序代理人而未委任，或委任之程序代理人未到場者，視同不到場。」該條立法理由指出，在律師強制代理的

---

[34] 參閱許士宦（2020），〈商業訴訟程序之新變革（上）——當事人主導型訴訟模式之邁進〉，《月旦法學教室》，213期，頁33-34。

[35] 學者黃國昌曾以實證研究的方式，探討一般民事訴訟不強制律師代理的制度究竟是好是壞，他的研究成果指出：「……，即使係在通常訴訟程序中，仍有一半以上之案件，雙方當事人均未委任律師代理，顯示我國民事訴訟律師代理率依舊偏低之事實。不過，儘管如此，由本文所呈現之實證結果觀之，實難察覺出有何強制律師代理之必要性與正當性。按在此類雙方均由律師代理之案件中，一方面其和解率高於其他情形之幅度甚大，另一方面原告之高勝訴率，亦顯示並無所謂原告濫行起訴之問題，且在本文之分析下，事實上許多被告根本未為積極之防禦。準此，強制要求律師代理，至少在第一審之層次，恐將造成大規模之訴訟成本浪費，卻未能產生較具體實際之回饋效益。就此而論，我國目前在事實審尚未採納全面律師強制代理之立法，應屬正確之選擇。」參閱黃國昌（2012），〈律師代理對民事訴訟結果之影響——理論分析與實證研究間之激盪〉，氏著，《程序法學的實證研究》，臺北：元照出版，頁308-309。

[36] 商業事件審理法第8條：「程序代理人得偕同當事人或關係人於期日到場，經審判長或調解法官許可後，當事人或關係人得以言詞為陳述。前項情形，當事人或關係人得自為下列程序行為：一、自認。二、成立和解或調解。三、撤回起訴或聲請。四、撤回上訴或抗告。」

[37] 參商業事件審理法第7條第1項：「商業事件，除別有規定外，應由程序代理人為程序行為。」

商業訴訟中，既應由律師代理當事人方能爲有效之訴訟行爲，則律師於開庭未到，即便當事人本人有到場，也不能爲有效的訴訟行爲，而應同樣視爲開庭未到[38]。

二、貫徹計畫審理的模式

如本文之初所述，SOGO經營權爭奪案纏訟十八年仍未解決，這反映的是一在民事訴訟法學中爭辯已久的問題——究應如何有效率處理複雜之私權糾紛。亙古不變的是，若欲快速解決糾紛，在有限的司法資源下，勢必無法面面俱到。相反地，若欲面面俱到而追求理想中的公平正義，則須付出相當的時間及勞費作爲代價。

認知及此，民事訴訟之學術與實務界開始走向將寶貴的時間聚焦於兩造當事人爭執的事項上進行審理攻防，至於不爭執事項，則逕由法院採爲既定之前提事實，期能促進解決私權糾紛之效率。因此於訴訟開始後，「何時」將兩造當事人的爭點整理完畢，即成民事訴訟中相當重要之課題。倘起訴後，相隔一年仍未確定雙方當事人欲爭執之事項爲何，抑或者一造當事人恣意拖延提出書狀，以至於爭點延滯浮現於訴訟程序中，顯而易見地，都將導致私權糾紛無法快速解決。

就講求時效性的商業訴訟事件而言，上開取捨更形重要。商業事件審理法第38條第1項明白揭示：「法院及當事人爲實現公正、迅速及經濟之審理，應有計畫進行訴訟程序。」並於同法第39條要求法院應就每一承審案件訂定審理計畫，以具體排定：(一)整理事實上及證據上爭點之期間；(二)訊問證人、專家證人、鑑定人及當事人本人之期間；(三)言詞辯論終結及宣示判決之預定時期[39]。如此，訴訟當事人及法官本身即能較清楚掌握與評估該訴訟遂行所要花費的時間與成本[40]。

爲避免當事人拒絕遵守法院訂定之審理計畫，商業事件審理法第41

---

[38] 「開庭未到」可能的法律效果：停止訴訟程序、一造辯論判決。參閱許士宦，同註34，頁37。

[39] 除此之外，商業事件審理法第40條更進一步規定：「法院依審理計畫進行訴訟程序，於必要時，審判長得聽取當事人之意見後，就特定事項訂定提出攻擊或防禦方法之期間。」以擴大審理計畫的適用範圍。

[40] 譬如說，審理計畫基本上可以以月爲單位，若案件較爲複雜而須訂定長期審理計畫，也可先以季爲單位，隨訴訟進行的程度，再將季改爲月以具體化時程。參閱許士宦，同註34，頁41。

條特此規定，若當事人遲誤審理計畫所定期間始提出攻擊或防禦方法，致依審理計畫進行訴訟程序有重大妨礙，法院即有權駁回該攻擊防禦方法之提出。簡言之，此條即違反適時提出原則之「失權效」明文。

相較於民事訴訟法失權效之規定，商業事件審理法失權效之規定更容易構成。在民事訴訟法下，失權效發生之構成要件之一，乃當事人有故意或重大過失致逾時提出攻防方法，然而在商業事件審理法下，失權效發生之構成要件，不以故意或重大過失為要件，僅須當事人超過審理計畫之期間提出攻防方法且無正當理由，即為已足[41]。就此以觀，在商業事件審理法正式施行後，許多訴訟策略之規劃，在初始階段勢必要更加縝密思考，以免受到失權效之制裁而致全盤皆輸之後果。

三、引進當事人查詢的制度

所謂當事人查詢制度，依商業事件審理法第43條及第44條規定，係指一方當事人得逕向他方當事人發出書面，查詢有關事實及證據的資訊，不必透過法院為之，而收到該書面的他方當事人，原則上應於二十日內回覆書面，以回答查詢事項或說明為什麼拒絕回答的理由（商業事件審理法第43條第2項規定，得拒絕回答的理由限於：(一)抽象或非個案之查詢；(二)侮辱或騷擾他造；(三)重複查詢相同問題；(四)徵詢意見；(五)說明所需時間、費用與當事人之請求顯不相當；(六)依法得拒絕證言之事項）[42]。此制度係參考自美國民事訴訟之規範，目的是為充實訴訟上的事證資料，為我國民事訴訟法原本所無（美國法將當事人查詢的書面稱之為"interrogatories"，可譯為「質問書」）[43]。

另為確保此當事人查詢制度順利運行，商業事件審理法定有相應配套規定，亦即若被查詢之當事人無正當理由拒絕回答，法院得依職權逕自認定查詢事項（參商業事件審理法第45條規定）。

實則，這項制度在美國實務上行之有年且發展出一定的模式，甚值

---

[41] 參閱許士宦，同註34，頁44-45。
[42] 參閱許士宦（2020），〈商業訴訟程序之新變革（下）——當事人主導型訴訟模式之邁進〉，《月旦法學教室》，214期，頁31。
[43] 參閱許士宦，同註42，頁32。

我國借鏡[44]。一位美國法官於二十世紀晚期曾撰文指出，在美國司法實務上，有愈來愈多訴訟律師寄發「罐頭質問書（canned interrogatories）」給對造當事人，要求對造回答冗長甚至無關的問題，究其原因，乃該等質問書係由律師事務所的助理或秘書剪貼各種質問書而來，進而形成數以百計、很明顯與案件無關的問題，背後目的無非是希望藉此造成對造的負擔、獲取談判地位的籌碼[45]。時至今日，美國聯邦民事訴訟規則第34條已明白限制，質問書提出的問題不得超過25題，以避免被當事人及其律師濫用[46]。如此問題，是否會在我國商業訴訟上發生，值得後續關注（理論上，依商業事件審理法第43條第2項，被查詢的當事人得以「抽象或非個案之查詢」、「說明所需時間、費用與當事人之請求顯不相當」等理由拒絕惡意的查詢，惟此拒絕若不被查詢的當事人所接受，就僅能求諸於法院作最後之裁判）。在美國法律社群中，當事人查詢之制度，基本上已被普遍肯認為一事證蒐集之重要手段，尤其是當案件涉及會計專業、複雜損害賠償事件、技術面資料，更是重要[47]。雖然如此，但要成功藉由當事人查詢蒐集到所需資訊，相當程度仰賴欲查詢之問題是否問得適切，倘該問題未依個案情形加以設計或未字斟句酌，往往導致查詢所得到之回覆並無太大之資訊價值。而此實有賴於一位細心的商業訴訟律師做全盤的訴訟策略規劃[48]。有關當事人查詢制度之進一步之探討，可參考本書〈商業訴訟事件

---

[44] 比如說，美國律師事務所即發布「質問書」的制式範本及標準問題供各界參考，載於：https://www.snid-erlaw.com/wp-content/uploads/2017/05/sample-interrogatories.pdf（最後瀏覽日：2020/10/30）。

[45] *See* Robert W. Porter, *Discovery Abuse: Interrogatories, Sanctions, and Two Proposals to the Federal Rules Which Were Not Adopted*, 17 FORUM. 482, 482-483 (1981-1982):
There I noted the increasing use of canned interrogatories, a practice which I labeled "unprofessional and insult-ing." I had previously observed, during my short tenure on the bench, the service upon defendants of "hundreds of irrelevant canned questions that have been cut and pasted by a paralegal or other staff assistant. In many cases, the number were not consecutive."

[46] *See* Fed. R. Civ. P. 34(a)(1) ("Unless otherwise stipulated or ordered by the court, a party may serve on any other party no more than 25 written interrogatories, including all discrete subparts. Leave to serve additional interroga-tories may be granted to the extent consistent with Rule 26(b)(1) and (2).").

[47] *See* Edna R. Sussman, *Strategic Discovery*, 13 LITIG. 37, 38 (1986):
Interrogatories are indispensable in cases involving accounting or statistical data, complicated damages, or technical information. One can spend hours on end at depositions trying to discover and understand that kind of information. But answers to interrogatories covering the same material are likely to be more intelligible and more useful in developing your own case, and in preparing to examine the other side's witness at depositions and at trial.

[48] *See Id.*, at 39:
Draft interrogatories carefully to be sure that you will get the information you need. Interrogatories phrased vaguely and imprecisely will usually elicit responses that tell you nothing. Think twice about propounding inter-

關於當事人查詢制度之簡評〉。

四、明確化專家證人的制度

在民事訴訟法下，人的證據方法主要有證人與鑑定。前者主要是針對其所見所聞分享其「經驗」，後者主要是針對特定事項依其專業出具「意見」。然在此框架下，爲鑑定之人基本上係由法院選任（參民事訴訟法第326條）（雖然在實務上，法院在選任鑑定人之人選時，多會尊重當事人意思，但鑑定人某程度仍屬於法院的手足）；此外在司法實務上，鑑定人之選任多是囑託機關鑑定而無須命實際爲鑑定之人爲具結，且甚少請實際爲鑑定之人到庭接受當事人詢問，導致難以檢驗其所爲鑑定是否妥適[49]的弊病。

此次商業事件審理法的制定，參考英美法制引進專家證人的制度，允許當事人自行委請專家出具專業意見作爲證據，並在法律上要求該專家具結及揭露其具備專業能力之有關資訊，並接受當事人的詢問，俾使該專業意見接受嚴格的檢驗，以避免有僞專家的情形產生（參商業事件審理法第47條至第50條）。

雖專家證人係爲彌補鑑定制度之不足而引進，然不可否認，其在未來實務之發展上，亦有若干問題須加留意觀察：(一)專家證人係由一造當事人所委任，獨立性或遭質疑進而影響專業意見之說服力；(二)若兩造均委請專家證人且出具之專業意見相左，將致訴訟之攻防偏離主軸（或可試想：關於股份收買請求權之訴訟，兩造委請的財務專家估算出不同的股份公平價格，此際，承審法官及雙方當事人究應在何等基礎上進一步就何爲公平價格進行辯論，不無疑問）；(三)由於專家證人之報酬不計入訴訟費用而是由當事人自行負擔（參商業事件審理法第52條第2項），如此勢將

---

rogatories that ask about conversations or the principal facts of the case. Such inquiries are generally better left to depositions. ... Always include an interrogatory asking who participated in preparing the answer. Those folks are likely prospects for depositions. It is also useful to ask for all documents reviewed in preparation each interrogatory answer, even though this may duplicate some of your document requests. Like document requests, your interrogatories should include instructions requiring a prompt supplement if any further or different responsive information comes to your adversary's attention after the initial responses are served. Also instruct your opponent to identify any information withheld under a claim of privilege.

[49] 許士宦，同註42，頁35-36。

形成無形的舉證門檻，導致無資力之當事人在先天即處於訴訟攻防上較弱勢之地位[50]。凡此，在在均為專家證人制度正式施行後應持續關注的議題。

　　值得一提，所謂專家證人，並未限於取得一定執照或證照之人始得任之，理論上，對訴訟個案具有特定知識之人，均得為適格之專家證人，譬如警察對於犯案手法、漁夫對於捕魚技術、農夫對於播種方法等，均可能在特定私權糾紛中擔任適格的專家證人[51]。

肆、有關特殊訴訟程序之未來展望——代結論

　　由以上介紹與分析應能發現，無論智慧財產案件審理法或商業事件審理法，在在都是希望修正、調整原先民事訴訟法之規定，以求得更適切而有效率地解決特定類型的私權糾紛。

　　除此之外，換個角度亦應能看見，現行的民事訴訟法之規定，非放諸四海皆準，智慧財產案件審理法或商業事件審理法，雖係針對特定類型之私權糾紛另立特別規定，但並不能據以論斷該等之特別規定，在本質上必然是只有在審理智慧財產案件審理法或商業事件審理法所規範指涉之相關類型，才有適用。在訴訟模式之推演想像上，未來商業事件審理法中之強制律師代理或計畫審理模式，即很有可能在將來社會中被認為亦適於一般民事訴訟，從而修訂民事訴訟法本身之規定（甚至亦不排除在未修法前就已被司法實務所類推適用）。在此等意義上，應該認為智慧財產案件審理法與商業事件審理法之推展，某程度亦係在測試私權糾紛解決的新手段，倘該新手段測試有效而要擴大適用，自無拒之於外之理。

　　最後從立法政策的角度，可一併思考的是，何以「智財事件」與「商業事件」得享有不同於一般民事事件之特殊程序規定（待勞動事件法施行後，「勞動事件」亦同樣開始享有不同的程序規定）？其基礎之正當性何在？於此謹以學者黃國昌的一席話作結，俾拋磚引玉，期待日後有更多不同面向之程序法研究，繼續充實我國學術與實務的發展：「以我個人粗淺

---

[50] 參閱許士宦，同註42，頁36-37。
[51] 參閱吳巡龍（2010），〈鑑定與專家證人〉，《台灣法學雜誌》，153期，頁137。

的觀察，智慧財產權法院的設立與智慧財產案件審理法的出現，在程序法學上所具有的重要意義，除了解決實務上的問題外，其實提出了一個非常根本的問題，也就是在民事紛爭的世界當中，到底有哪些案件我們要去設立不同的法院以及不同的程序來加以處理。這裡面當然會涉及到，在不同的事件類型可能有必要適用不同的程序法理，這樣的一個程序法的思考，但在另外一方面，也會涉及到資源分配的問題。」[52]

---

[52]　參閱范光群（等著），同註30，頁124。

商業訴訟事件關於當事人查詢制度之簡評

談虎、王怡婷

壹、前言

2021年7月1日即將生效施行之「商業事件審理法」[1]（以下簡稱「商審法」），在傳統民事訴訟法制之外，針對商業事件[2]增訂程序專法，其立法目的係爲迅速、妥適、專業處理重大商業紛爭，健全公司治理，提升經商環境，以促進經濟發展[3]。此項立法係針對實務上涉及專業或鉅額訴訟標的價額之商業紛爭，進入民事訴訟程序後往往曠日廢時、緩不濟急，獲得最終確定裁判所耗費之時間成本過鉅，與當事人對於程序效益之期待存在極大落差。故商審法第三章「商業訴訟及保全程序」明訂法院審理商業訴訟事件，應有計畫進行訴訟程序（請參商審法第38條），並應與兩造當事人商定「審理計畫」（請參商審法第39條），關於整理事實上及證據上爭點之期間均應預做規劃，並記明筆錄，促使訴訟程序以有效率之方式進行。

然而，當事人在訴訟前階段如未能瞭解並掌握關於事實或證據之事項，自難協助法院整理事實及證據上之爭點，亦無從預做規劃所欲聲明調查之證據，將不利於法院與當事人商定審理計畫。故商審法增設「當事人查詢制度」（第43條、第44條），使當事人可以在訴訟之「前階段」即有機會蒐集相關資訊，據以決定後續事實及證據之提出，並加速訴訟程序之進行，減輕法院審理之負擔。本文嘗試就當事人查詢制度之規範目的、內容，以及將來實際適用可能發生之問題進行初探。

---

[1] 立法院2019年12月17日三讀通過；中華民國109年1月15日華總一義字第10900004031號總統令公布。
[2] 關於商業事件之定義，請參商審法第2條之規定。
[3] 請參商審法第1條之規定。

貳、當事人查詢制度之簡介

一、理論依據

「當事人查詢制度」之內涵，係指當事人為準備其主張或舉證，得於法院指定期間或準備程序終結前，列舉有關事實或證據之必要事項向他造查詢，請求具體說明之制度（第43條第1項）。依學者之說明，此項新制係參考美國民事訴訟規則之事證開示制度（discovery）之當事人質問書（interrogatories）所創設[4]，容許當事人得直接向他造要求事證開示，不必透過法院為之，除有促進程序、節省法院及當事人勞力時間費用之功能，亦可實現當事人間之武器平等，不許當事人因他造不知資訊之存在而奇貨可居獲取有利之裁判，因此基於真實裁判之理念、要求，有必要使兩造當事人於訴訟早期階段即共有資訊（情報），特別是在事證偏在型訴訟，資訊開示乃屬不可或缺[5]。

二、查詢權主體、被查詢之對象

查詢權之主體，依商審法第43條第1項規定限於「當事人」，當事人係指商業訴訟事件之原告與被告，固無疑問。至於多數當事人一同起訴或一同被訴之情形（請參民事訴訟法第53條），因共同訴訟人彼此間並非居於一造當事人與他造當事人之對立關係，解釋上應無查詢制度之適用。

此外，有學者介紹日本學界及司法實務之相關討論，關於訴訟參加人得否適用當事人查詢制度之爭議，有認為參加人並非訴訟當事人，訴訟參加人對於他造當事人應無查詢制度之適用；亦有認為，訴訟參加人係為輔助一造當事人而參加訴訟，應無不許參加人為輔助被參加人而向他造查

---

[4]　證據開示制度（Discovery）是英美法之證據蒐集制度，不僅用以蒐集證據資料，亦用於蒐集包含事實在內之訴訟資料。美國法之證據開示制度，在聯邦與各州雖存有若干差異，但仍有其共通承認之開示方法，對他造以書面質問之質問書狀（interrogatories）即為其一。制度相關說明請參許士宦（1999），〈證據開示制度與秘密保護程序——以證據保全與文書提出命令為中心〉，國立臺灣大學法律研究所博士論文，頁61。

[5]　許士宦（2020），〈商業訴訟程序之新變革（下）——當事人主導型訴訟模式之邁進〉，《月旦法學教室》，214期，2020年8月，法源資訊重新校編版，頁1-2。

詢、請求說明之理[6]。

　　反之，參加人得否作為被查詢之對象？本文認為應採否定見解。除參加人是否符合商審法第43條第1項所稱之「他造」，解釋上不無疑問外，查詢制度課予被查詢之他造開示事證之協力義務，若違反協力義務將招致擬制真實之制裁效果（詳後述），如容許參加人作為被查詢之對象，將導致被參加之一造當事人必須概括承擔參加人拒絕查詢所生之不利效果，而與民事訴訟法第61條，參加人之一切訴訟行為不得與其輔助當事人之行為牴觸之規定，恐有扞格。

三、查詢之時點

　　當事人查詢之時點並非不受限制，僅限於「法院指定期間或準備程序終結前」始得為之（請參商審法第43條第1項）。蓋當事人查詢制度之目的，係為使當事人在訴訟之「前階段」，藉由向他造查詢以蒐集有關事實或證據之必要事項，據以決定後續事實及證據之提出，協助法院整理爭點、商定審理計畫，故需將查詢時點限於法院指定期間或準備程序終結前，否則無從達到加速訴訟程序進行之目的。因此，法院受理商業訴訟事件後，應於法院指定之期間內進行查詢程序，法院如未指定期間，則當事人得於準備程序終結前進行查詢。

　　商審法第43條第1項規定之文義，似未禁止在準備程序終結後，法院另行指定期間供當事人進行查詢程序，亦不排除民事訴訟法第274條第2項再開準備程序相關規定之適用。故當事人查詢程序雖有明確之時點限制，但在實際操作上或許保有一定之彈性。

四、得查詢之事項

　　關於當事人得向他造查詢之範圍，商審法第43條第1項明定限於「為準備其主張或舉證而有關事實或證據之必要事項」。首先需要釐清的是，

6　王銘勇（2020），〈商業事件審理新制評析──當事人查詢、專家證人及秘密保持命令〉，《全國律師》，3月號，頁32。

當事人查詢程序只能請求他造具體說明有關事實或證據之資訊，此與請求他造提出證據本身（例如書證、物證），應予區別。在當事人查詢階段，他造尚無提出文書等證據之義務[7]。因此，當事人為準備主張或舉證，得利用查詢制度請求他造開示文書目錄、證人身分（請求說明對於一定事實親見親聞者之人數、身分、住居所等資訊），或請求他造說明商業訴訟基本事實關係[8]。但如欲聲明、或請求提出特定文書本身，則須聲請法院命他造提出[9]；如就證人之事項查詢，僅得查詢其姓名、住居所，但就證言內容則不得請求他造說明[10]，例如：他造對於證人於訴訟外進行訪談之內容紀錄。

有學者認為得查詢之必要事項限於有關事實、證據之資訊（而非證據本身），包括主要事實、間接事實及輔助事實等與主張或舉證有關聯性之事實，且必須是不容易調查，而在性質上屬於他造支配領域之事實，如當事人稍加努力即可蒐集該等事證之資訊，即欠缺請求他造開示之必要性；如係與主張或舉證不具關聯性之事項，則非主張、舉證所必要之事項，亦不得請求他造說明，否則將造成查詢程序肥大化，反而導致訴訟遲延[11]。

五、得查詢事項與主張及舉證責任之關係？

得利用查詢制度請求他造開示之資訊，是否應限於查詢方用以對他造之主張或舉證加以反論或反證之事項？換言之，查詢方對於自己負有主張或舉證責任之事實，得否利用查詢制度請求他造具體說明？商審法第43條第1項之文義似無明確規定。有學者認為即便是查詢方自己負有主張及舉證責任之事實或證據，亦得請求他造具體說明，蓋當事人查詢制度之立法旨趣在於，使當事人就其應負主張、舉證責任之事項更容易蒐集事實、證據，以謀求爭點整理之充實及促進[12]。然而，亦有見解認為，當事人得查詢之事實，應限於其主張或舉證關於事實或證據之必要事項，如不限於

---

7 王銘勇，同註6，頁33。
8 王銘勇，同註6，頁33-34。
9 請參民事訴訟法第342條、商審法第53條。
10 許士宦，同註5，頁2-3。
11 許士宦，同註5，頁2。
12 許士宦，同註5，頁2。

「必要事項」，反可能造成當事人應負舉證責任之事實，卻課予他造有回答之義務，與當事人查詢制度旨在於加速訴訟程序之進行，減輕法院審理負擔之立法目的是否相符，自有疑義[13]。

六、他造當事人得拒絕查詢之情形

　　為避免當事人濫用查詢制度，以保護他造之實體及程序利益，商審法第43條第2項規定，當事人之查詢如有：抽象或非個案之查詢（第1款）、侮辱或騷擾他造（第2款）、重複查詢相同問題（第3款）、徵詢意見（第4款）、說明所需時間、費用與當事人之請求顯不相當（第5款）、依法得拒絕證言之事項（第6款）等情形之一者，他造得拒絕說明之。

　　上開各款規定，有認為係當事人查詢權之障礙要件，避免當事人濫用查詢制度侮辱、騷擾他造（第2款），或以查詢之名進行摸索證明（第1款），並防止查詢制度對他造課予過重之程序負擔、延滯程序進行（第1、3、5款）。再者，當事人查詢制度係為蒐集準備主張或舉證而就有關事實或證據之必要事項，請求他造開示及說明之程序，並不包含徵詢他造之意見在內，故他造得拒絕之（第4款）。另外，他造當事人在訊問程序得依法拒絕證言之事項，在查詢程序自得拒絕說明或開示[14]，以符合規範秩序之一致性。

七、查詢之法定程式

　　關於當事人查詢之方式規定在商審法第44條，查詢當事人應以書狀為之（第1項），立法理由並說明，查詢當事人應使用電子書狀傳送系統通知他造及法院。蓋為加速程序及減輕法院負擔，當事人查詢程序宜由當事人主導[15]，查詢之進行雖無須經由法院，但仍須使法院同步知悉查詢及說明之內容。他造應於收受查詢之書狀後二十日內，以書狀就查詢為必要說明，或釋明有商審法第43條第2項之得拒絕事由（第2項）。查詢當事人認

---

[13]　王銘勇，同註6，頁32-33。
[14]　王銘勇，同註6，頁34-35。
[15]　許士宦，同註5，頁3。

為他造之拒絕為無理由者，應於收受他造之拒絕書狀後十日內，聲請法院以裁定定期命他造就查詢事項為說明（第3、4項）。法院得依聲請或依職權延長前述第2項及第4項之期間（第5項）。由於法院依據商審法第44條第4項及第5項所為之裁定，屬於訴訟指揮之裁定，不得抗告（請參民事訴訟法第483條），然有學者認為該等裁定涉及本案事證之開示，故於法院裁定前宜使當事人有陳述意見之機會，以保障其實體權及程序權[16]。

由上述一造查詢及他造說明（開示）之方式可知，當事人查詢程序之進行，法院原則上不予介入，而係由兩造當事人逕行向對方交換書狀以互為查詢、說明。此乃因為商業紛爭通常涉及複雜之原因事實及浩繁之事證，且經常牽涉特定領域之專業或商業慣行，非涉訟之當事人難以在短時間內扒梳事實及法律關係。此處立法考量在於，在商業訴訟之前階段實難期待法院有效率地指揮查詢程序，故由兩造當事人自行主導查詢程序，以收促進訴訟之效；法院則退居二線，僅在他造拒絕說明、而查詢當事人認為他造之拒絕為無理由，並聲請法院裁定命他造說明時，法院始有介入調查之餘地。

此外，按照商審法第44條第3項及第4項規定之文義，係查詢當事人認為他造之拒絕為無理由時，應於收受他造之拒絕書狀後十日內聲請法院裁定命他造就查詢事項為說明。然而，若他造並未依照同條第2項之規定以書狀釋明拒絕查詢之事由，而是對於查詢事項置之不理，消極不予回應，此時查詢當事人得否依照商審法第44條第3項聲請法院裁定？法條文義不甚清楚。若認查詢當事人得依該條第3項規定聲請法院裁定，但如何起算同條第3項聲請法院裁定之十日期間？則有疑問，立法者顯然漏未考慮此種情形。

本文認為，為免他造逕以消極不回應之方式輕易規避查詢，導致查詢制度形同具文，商審法第44條第3項所稱「拒絕」，解釋上似應包含他造消極不回應之情形在內，較為合理。然而，倘做如此解釋，則查詢當事人得聲請法院裁定命他造說明之十日期間究應如何起算？此處查詢當事人得聲請法院裁定之十日期間，其性質是否為法定不變期間？查詢當事人如逾

---

[16] 許士宦，同註5，頁4。

越十日期間始聲請法院裁定，是否即為不合法而應予駁回？相關問題亦將伴隨而來，均有待商審法施行後實務之解釋與發展。

八、無正當理由拒絕就查詢事項為說明之法律效果

關於他造對於查詢事項違反說明義務之法律效果，依商審法第45條之規定，被查詢當事人無正當理由拒絕就事實或證據之查詢事項為說明，法院得審酌情形，認請求查詢當事人關於該事實之主張或依該證據應證之事實為真實（第1項），法院為該裁判前應令當事人有辯論之機會（第2項）。依立法理由之說明，係為促使被查詢之當事人對於查詢事項確實回答，而對於違反查詢協力義務者給予制裁之實效，法院令當事人有辯論之機會後，得依自由心證，認請求查詢當事人關於該事實之主張或依該證據應證之事實為真實。

關於商審法第45條之適用，有學者認為該條文所謂「無正當理由拒絕說明」之情形有二：其一係經法院裁定命定期說明而逾期未回答之情形；其二係經查詢當事人請求開示資訊，他造未於法定期間內以書狀釋明拒絕事由，而就查詢事項消極不予說明者。蓋於後者之情形，他造收受查詢書狀後並未依法爭議，可認其對於查詢事項並無爭議，卻消極不予說明，違反查詢之協力義務，而與經法院裁定命定期說明而逾期未為回答之情形無異[17]，均應施以制裁，以免他造未善盡其開示義務，導致訴訟延滯[18]。

學者並進一步闡釋，當事人查詢制度係保障當事人得接近他造支配領域所存在之事證資訊，於他造違反開示協力義務時，擬制查詢當事人就該事實所為之主張為真實，即已達到他造開示資訊相同之結果；如他造拒絕說明證據資訊，因查詢當事人未必能知悉聲明該證據之內容，如僅認該證

---

[17] 關於他造收受查詢書狀後未依商審法第44條第2項規定釋明拒絕事由，而對查詢事項消極不予回應之情形，可否逕認他造對查詢事項無爭議，而有商審法第45條擬制真實之法律效果適用？本文認為尚難一概而論。承本文「貳、七、查詢之法定程式」之說明，關於查詢當事人得聲請法院裁定命他造就查詢事項為說明之要件，是否包含他造收受查詢書狀後，未具狀釋明拒絕，而僅消極不予回應之情形？商審法第43條第3項及第4項規定之文義並不清楚。如採肯定見解，認為查詢當事人仍得聲請法院裁定命他造說明，而查詢當事人卻未聲請法院裁定時，足徵查詢當事人對於他造之消極不回應並無異議，此時若仍適用商審法第45條擬制真實之法律效果，其妥適性恐有疑問。

[18] 許士宦，同註5，頁4。

據之主張為真實，對於依該證據應證事實之認定可能缺乏助益，故以該應證事實為真實，始能真正發揮制裁之效果，達到間接強制他造開示事證，以迅速充實爭點整理，促成爭點簡化協議之功能[19]。然而，亦有認為在他造對於查詢事項無正當理由拒絕說明之情況下，法院固然可能認定查詢當事人之主張為真正，但擬制真實與否，屬於法院裁量餘地，其心證未必作成不利他造之認定，此項擬制真實之制裁效果是否能夠促使他造願意說明查詢事實，實有疑義[20]。

本文也認為，關於商審法第45條第1項之法律效果，在具體個案中是否均能發揮間接強制他造當事人開示資訊之功能，恐怕無法一概而論。當事人查詢制度之立法旨趣，在使當事人於訴訟前階段，有機會蒐集相關資訊，據以安排後續事實及證據之提出，並保障當事人之資訊請求權，實現武器平等之原則。然而，實際的情況經常是，查詢當事人對於他造所持事證無法特定或具體描述，請求他造開示之事項不免以較為概括之文字予以記載，例如：某項交易之相關資料明細清單、一定期間內他造所屬人員與交易對象往來之電子郵件明細清單等。他造如利用其事證偏在之優勢地位，僅就事先篩選、過濾之無害事證予以開示，或將海量無害、甚至關聯性薄弱之資訊向查詢當事人開示，企圖製造查詢當事人之程序負擔並拖延訴訟程序，或以查詢資訊不存在或已滅失為由回復無法說明，凡此情形，形式上他造雖就查詢事項有所開示，而無無正當理由拒絕說明之情形，實質上卻無助於查詢當事人準備其主張或舉證，此時法院得否適用商審法第45條第1項之規定遽對他造施以擬制真正之制裁，恐有疑問。是以商審法第45條第1項之制裁效果，是否能夠實現立法者對於加速訴訟程序進行、保障武器平等之期待，尚待觀察。

本文認為，縱使他造就查詢事項無正當理由拒絕說明之情形，法院亦未必當然會適用商審法第45條第1項之規定遽為他造當事人不利之認定（判決）。舉例而言，原告起訴時僅就原因事實之輪廓概括描述，對於個案如何該當於請求權構成要件之事實及理由，尚未能具體敘明，原告雖利

---

[19]　許士宦，同註5，頁4。
[20]　王銘勇，同註6，頁36。

用查詢制度請求他造當事人就有關事實或證據之必要事項具體說明，但他造對其查詢置之不理，或無正當理由拒絕開示，此時固可能符合商審法第45條第1項「無正當理由拒絕就事實或證據之查詢事項爲說明」之情形，但法院對於原告尚未具體明確之起訴事實及理由，恐難逕依商審法第45條第1項規定認定原告之主張爲眞，而爲被告敗訴之判決。蓋商審法第45條第1項係規定「法院得審酌情形」爲認定，而所謂自由心證並非漫無限制，仍應受到論理及經驗法則之拘束（請參民事訴訟法第222條第3項），否則難謂適法。

參、當事人查詢制度將面臨之挑戰（代結語）

一、商審法第43條第2項各款拒絕查詢之法定事由是否爲列舉規定？

關於他造當事人得合法拒絕查詢之情形，商審法第43條第2項設有六款法定事由，而無概括規定。此種立法形式，可否解釋爲「明示其一，排除其他」之列舉規定，不無疑問。

舉例而言，商審法第43條第1項明定當事人得查詢之事項，限於有關事實或證據之必要事項，如係與主張或舉證欠缺關聯性之事項，此項查詢即欠缺必要性，應非法所容許。然而，商審法第43條第2項各款得拒絕說明之法定事由，並不包含查詢事項與查詢當事人之主張或舉證欠缺關聯性之情形在內；再者，查詢事項如係查詢當事人稍微努力即可蒐集之資訊，並無事證偏在他造之情形，同屬欠缺必要性之查詢，他造得否以此爲由拒絕說明，商審法第43條第1項亦無相應之規定，立法顯有疏漏，解釋上似應肯認他造對於欠缺關聯性及必要性之查詢亦得合法拒絕。

二、商審法第43條第2項第6款「依法得拒絕證言之事項」應如何適用？

(一) 何謂「依法得拒絕證言之事項」？

證人係指依法院之命，在訴訟上陳述其見聞事實之第三人[21]。因此，法律上關於證人得拒絕證言之規定，得否直接適用於訴訟當事人，本有疑問。

以民事訴訟法之「當事人訊問制度」為例，當事人本身尚無拒絕證言權規定之直接適用，而係依照民事訴訟法第367條之3之規定，「準用」同法第307條第1項第3款至第5款關於拒絕證言權之規定。足見立法者認為，民事訴訟之當事人，性質上與證人有別，非有法律規定，不得直接適用關於拒絕證言權之規定。商業訴訟本質上亦屬民事訴訟，自應為相同之解釋。

依商審法第43條第2項第6款之規定，查詢如有「依法得拒絕證言之事項」，他造得拒絕說明。然而，訴訟當事人尚無直接適用民事訴訟法關於證人拒絕證言權規定之餘地，業如前述。故此處所謂他造依法得拒絕證言之事項，似應理解為，假設他造就查詢事項為證人接受訊問，而得依法享有拒絕證言權者，其於自己為當事人之商業訴訟，就該等事項經查詢當事人請求說明時，亦得合法拒絕說明，而無協力開示資訊之義務。因此在商業訴訟事件，他造對於查詢事項之拒絕說明，是否符合「依法得拒絕證言之事項」之要件，應以他造當事人如就查詢事項之內容為證人時，是否具有法律上得拒絕證言之權利為斷。

(二) 依法得拒絕證言之事項是否限於民事訴訟法第307條第1項之各款情形？

商審法第43條第2項第6款「依法得拒絕證言之事項」，有認為係指民事訴訟法第307條第1項各款證人得拒絕證言之情形而言[22]。然而，拒絕證言權之規定散見於各種訴訟程序規範，並非民事訴訟法第307條第1項所獨有，特別是刑事訴訟法第180條至第182條亦有拒絕證言權之規定，其適用之範圍與民事訴訟法第307條第1項之規定容有差異。舉例而言，

---

[21] 請參司法院大法官會議釋字第249號解釋理由書。
[22] 王銘勇，同註6，頁35。

刑事訴訟法第180條第1款基於身分關係之拒絕證言權主體，係指現爲或「曾爲」一定身分關係之證人，並且包含具有「家長、家屬」關係之證人在內，即爲民事訴訟法第307條第1項第1款之規定所無。

　　因此，本文認爲商審法第43條第2項第6款僅稱「依法」得拒絕證言之事項，文義上應不限於民事訴訟法第307條第1項之情形，自無排除適用其他法律關於拒絕證言權規定之必要。蓋商業訴訟固爲民事紛爭，惟其原因事實另經偵查機關追訴、發動刑事訴訟程序者，實屬常見，尤其重大金融犯罪案件，證券投資人及期貨交易人保護機構依法追究相關人之民事責任，導致針對案關原因事實，同時有刑事及民事訴訟繫屬於法院審理之情形，所在多有。基於規範秩序之一致性，商審法第43條第2項第6款規定應不排除其他法律關於拒絕證言權規定之適用，否則將變相架空其他法律對於拒絕證言權之保障，而造成規範秩序之衝突。

(三) 商業訴訟事件之他造當事人爲法人時，如何適用「依法得拒絕證言之事項」以拒絕就查詢事項具體說明？

　　各種訴訟程序適用之證據法則固有不同，關於證人之定義則具有共通性。所謂證人，必須是對於待證事實「親自見聞」之人，依法院之命在訴訟上依其感官作用與記憶所及據實陳述。然依商審法第2條第2項關於商業訴訟之定義[23]可知，商業訴訟有很大的機會係以公司等法人組織作爲訴訟當事人。公司等法人組織雖具法人格得爲權利義務之主體，但法人本身

---

[23] 商審法第2條第2項：「商業訴訟事件指下列各款事件：一、公司負責人因執行業務，與公司所生民事上權利義務之爭議，其訴訟標的之金額或價額在新臺幣一億元以上者。二、因下列事件所生民事上權利義務之爭議，且訴訟標的之金額或價額在新臺幣一億元以上者：(一)證券交易法之有價證券詐欺、財務報告或財務業務文件不實、未交付公開說明書、公開說明書不實、違法公開收購、操縱市場、短線交易、內線交易、不合營業常規交易、違法貸款或提供擔保。(二)期貨交易法之操縱市場、內線交易、期貨交易詐欺、公開說明書不實、未交付公開說明書。(三)證券投資信託及顧問法之虛偽、詐欺、其他足致他人誤信之行爲、公開說明書不實、未交付公開說明書。(四)不動產證券化條例之公開說明書或投資說明書不實、未依規定提供公開說明書或投資說明書。(五)金融資產證券化條例之公開說明書或投資說明書不實、未依規定提供公開說明書或投資說明書。三、公開發行股票之公司股東基於股東身分行使股東權利，對公司、公司負責人所生民事上權利義務之爭議事件，及證券投資人及期貨交易人保護機構依證券投資人及期貨交易人保護法規定，訴請法院裁判解任公司之董事或監察人事件。四、公開發行股票之公司股東會或董事會決議效力之爭議事件。五、與公開發行股票公司具有控制或從屬關係，且公司資本額在新臺幣五億元以上之非公開發行股票公司股東會或董事會決議效力之爭議事件。六、因公司法、證券交易法、期貨交易法、銀行法、企業併購法、金融機構合併法、金融控股公司法、不動產證券化條例、金融資產證券化條例、信託法、票券金融管理法、證券投資信託及顧問法所生民事法律關係之爭議，其訴訟標的之金額或價額在新臺幣一億元以上者，經雙方當事人以書面合意由商業法院管轄之民事事件。七、其他依法律規定或經司法院指定由商業法院管轄之商業訴訟事件。」

無所謂感官作用及記憶可言，亦無從與他人發生民法上之身分關係，因此程序法上各種拒絕證言權之事由，未必均能作為公司等法人組織在商業訴訟事件中，對於查詢事項拒絕說明之適法依據。例如民事訴訟法第307條第1項第1款至第3款之拒絕證言權，係以民法上之身分關係作為拒絕證言權之存在要件，就無從與他人發生身分關係之法人而言，該三款事由即無可能作為公司在商業訴訟事件中拒絕查詢之正當事由。

　　再者，民事訴訟法第307條第1項第4款「證人就其職務上或業務上有秘密義務之事項受訊問者」，及第5款「證人非洩漏其技術上或職業上之秘密不能為證言者」等事由，文義上亦未必全然可適用於公司等法人組織。蓋因公司等法人組織作為營利事業，在經驗上與「職務」或「職業」等概念似無法相容（簡言之，經驗上我們很難說明公司究竟擔任某個職務或從事某種職業），恐無從以查詢事項屬於公司職務上有秘密義務之事項，或屬其職業上之秘密為由而拒絕說明。因此可以想見未來在實務上，公司等法人組織如就其業務上負有保密義務之事項，或其持有關於技術上秘密之事項，依商審法第43條第2項第6款、民事訴訟法第307條第1項第4款「業務上有秘密義務之事項」及第5款「技術上之秘密」等事由拒絕說明，似為可行。

　　另一個引發關注之問題在於，若商業訴訟事件之查詢事項涉及公司之營業秘密或工商秘密之資訊，因公司對於自身的營業秘密或工商秘密，依法雖享有得保密、不對外揭露等權利，但權利人自身對於該等秘密事項並不負有保密義務，顯與民事訴訟法第307條第1項第4款「業務上有秘密義務」之情形不符，此時公司得否對於自己享有保密權益之事項適法拒絕查詢，商審法第43條第2項並未將之列入得拒絕說明之事由，商審法及其他現行法律似亦無相應之規定依據。若因此解釋為營業秘密或工商秘密之權利人，就涉及秘密事項之查詢亦有具體說明、協力開示之義務，而不得拒絕查詢，恐將造成濫用查詢制度以刺探他造營業秘密或工商秘密之疑慮。

　　舉例而言，原告主張他造公司涉及不合營業常規交易，對於投資人應負損害賠償責任，並利用查詢制度請求他造公司具體說明交易對象、交易架構及交易條件，或原告以查詢證人身分為由，請求他造公司提出涉及特定交易之研發、業務部門成員名單及聯絡資訊，在某些情況下，交易對

象、交易架構、交易條件或部門人事資訊等可能屬於他造公司之營業秘密或工商秘密，他造公司對於自己享有保密權利（而非義務）之事項得否拒絕查詢，未來實務操作恐生爭議。若不許他造公司拒絕查詢，形同課予揭露自己營業秘密或工商秘密之義務，在訴訟程序上卻未搭配程序不公開或秘密保持令等程序保障措施（請參商審法第53條），對於他造當事人之權益保護恐有不周。尤以商業訴訟事件動輒涉及鉅額之訴訟標的，或為企業整體產業布局、市場競爭等商戰之延伸，不難想像商業訴訟事件之當事人具有較高之動機，以查詢之名對於他造當事人進行摸索證明，或刺探他造之秘密資訊以遂其商業目的之可能。未來商審法施行適用之後，公司等法人組織如何在當事人查詢階段抵禦摸索證明並保護自身合法之營業或工商秘密法益，預期將成為訴訟前階段之攻防爭執重點，也是當事人查詢制度是否能夠實現促進訴訟、節省法院及當事人勞費等制度目的之試金石。

勞工涉嫌侵害原雇主營業秘密案件之管轄與救濟

張炳坤、林立群

壹、概說

　　近年來，企業間的競爭已逐漸白熱化，企業為了能在市場上占有優勢，多已意識到智慧財產權的重要性。對於企業投入資源進行研發的成果，固然可以向主管機關申請專利，以獲得法律上獨占排他的權利，然而，申請專利權必須將該技術公開、必須支付相關規費，而專利權亦有保護期間的限制，且期間屆滿後任何人都可以利用已過期之專利。再者，有些資訊或研發成果可能不符合專利創作之要件，也可能是該項成果之特性不適宜公開，或企業基於其他營運考量，認為不適合申請專利，但這並不代表該等資訊或成果，沒有價值或不值得保護，在企業營運過程中，投入資源或研究所累積的無形資產，不僅與企業的營運相關，更對各國的產業競爭力有重大影響，故世界各國乃紛紛將營業秘密視為一種無形資產，並給予個別的保護。

　　有關營業秘密的保護，我國最早是以刑法第317條規定之無故洩漏工商秘密罪（雖與現今營業秘密之範圍不盡相同），加以規範，然該規定對於工商秘密的要件、內涵及洩漏（或侵害）的態樣，並未予以明確規範。嗣西元（下同）1991年間公布修訂公平交易法第19條第5款（已於2015年2月4日刪除）規定：「有左列各款行為之一，而有限制競爭或妨礙公平競爭之虞者，事業不得為之：……五、以脅迫、利誘或其他不正當方法，獲取他事業之產銷機密、交易相對人資料或其他有關技術秘密之行為。」已對保護標的及侵害的行為態樣進一步加以明確規範，但企業營運所產生的無形資產類型眾多，然該條所保護的標的卻僅限於「產銷機密、交易相對人資料或其他有關技術秘密」而已，仍不足以提供企業有關營業秘密之全

面保護[1]。因此，直到1996年1月17日營業秘密法公布施行以後，才正式確立營業秘密屬一種獨立類型的無形資產，並給予全面性的保護，俾使企業能就營業秘密的規劃、維護與救濟，有更明確的遵循標準。

企業間的競爭無所不在，以挖角、跳槽形式而竊取其他公司營業秘密，也時有所聞，甚至國際間之商業間諜案例，亦屢見不鮮。因此，營業秘密法又於2013年1月30日修法，在原先民事責任體例的基礎上，增訂刑事責任的規定，以求遏阻不法。在實務上，最常見之侵害類型之一，是競爭同業以高薪挖角或慫恿對手員工以跳槽方式離職，並在離職前拷貝、列印或重製原有公司之機密檔案，而帶槍投靠之情形，被侵害之公司除深惡痛絕外，為保護自身權益常會向法院提起訴訟，以資救濟。此時，除須符合法律所規定「營業秘密之要件」外，應一併考量的是，究應提起民事訴訟或刑事訴訟；在起訴之前，是否應先進行證據保全或假扣押等程序，以及訴訟究應向哪個法院提起等問題。

就一般人之認知，我國設有智慧財產法院（下稱「智財法院」），故有關營業秘密被侵害時，常想當然爾地認為應向智財法院提起，惟我國於2018年12月5日制訂勞動事件法，並於2020年1月1日正式施行，該法第2條第1項之規定：「本法所稱勞動事件，係指下列事件：一、基於……工作規則、……勞動契約…及其他勞動關係所生民事上權利義務之爭議。……三、因……競業禁止及其他因勞動關係所生之侵權行為爭議。」第2項：「與前項事件相牽連之民事事件，得與其合併起訴，或於其訴訟繫屬中為追加或提起反訴。」因此，員工於（離職前夕）任職期間是否違反勞動契約、工作規則及競業禁止條款等而擅自重製或洩漏公司之營業秘密、離職後是否違反離職後之競業禁止條款、到競爭對手任職有無侵害原公司之營業秘密而構成侵權行為等情事，亦屬勞動事件，勞動法院也有管轄權，因此，可能產生智財法院、勞動法院甚至與一般法院（民事庭）管轄權競合之問題，如何提起訴訟，以及程序上有何差異，乃是值得探討的問題。

1　參考公平交易法修正時，該款刪除理由：「按營業秘密法對營業秘密之定義，已包括現行條文第五款所定『產銷機密、交易相對人資料或其他有關技術秘密』，且該法所規範侵害類型顯更廣泛周延，應及該規範效益，爰將現行條文第五款刪除，使該等違法行為類型，回歸營業秘密法規範。」

貳、我國營業秘密法之要件

營業秘密法第2條規定：「本法所稱營業秘密，係指方法、技術、製程、配方、程式、設計或其他可用於生產、銷售或經營之資訊，而符合左列要件者：一、非一般涉及該類資訊之人所知者。二、因其秘密性而具有實際或潛在之經濟價值者。三、所有人已採取合理之保密措施者。」可知所謂「營業秘密」，除屬方法、技術、製程等可用於生產、銷售或經營之資訊外，必須符合「秘密性」（即非一般涉及該類資訊之人所知者）、經濟性（即具有實際或潛在之經濟價值者），並採取合理保護措施等。而實務上，亦有依營業秘密之性質，將其類型區分為「商業性營業秘密」及「技術性營業秘密」。前者主要包括企業之客戶名單、商品售價、進貨成本、交易底價、人事管理、成本分析等與經營相關之資訊；後者主要包括與特定產業研發或創新技術有關之機密，包括方法、技術、製程及配方等[2]。惟不論是何種類型的營業秘密，均須符合上述三項要件始足當之。以下謹就各要件分別加以說明：

一、秘密性

所謂「非一般涉及該類資訊之人所知」者，係指該資訊本質上必須是一項秘密資訊；如果是已經公開周知或是可經由其他方式查詢而得的資訊，本質上即不是秘密，就算該等資訊具有經濟價值，甚至對該資訊採取相當的保密措施，也不會因此就變成營業秘密。

最高法院107年度台上字第2950號判決認為「所稱秘密性，屬於相對秘密概念，知悉秘密之人固不以一人為限，凡知悉者得以確定某項資訊之詳細內容及範圍，具有一定封閉性，秘密所有人在主、客觀上將該項資訊視為秘密，**除一般公眾所不知者外，相關專業領域之人亦不知悉者屬之**」。依此見解，該資訊之秘密性，必須達到連相關專業領域之人亦不知悉的程度，方符合秘密性之要件。

就此一要件，實務常見之爭議莫過於客戶名單或資料是否屬於營業秘

2　參見智慧財產法院104年度民營訴字第1號民事判決。

密的問題。對此,最高法院104年度台上字第1654號民事判決認為:如果是經過投注相當之人力、財力,並經過篩選、整理及分析而成之資訊,且非可自其他公開領域取得者,例如個別客戶之風格、過去的銷貨紀錄、消費偏好等,即可能具備秘密性及經濟價值;但如果僅是單純的客戶聯絡資料,一般人均可由工商名冊或客戶網站任意取得者,則不具備秘密性。

二、經濟性

由於營業秘密是屬企業財產權的一種,因此必須具有經濟價值,方有加以保護的必要。營業秘密的經濟價值,在於使保有營業秘密的企業,得以透過資訊的落差,在商場上搶得先機或鞏固優勢,因此營業秘密的經濟性,也與其秘密性密不可分(即條文所稱「因其秘密性」而具有實際或潛在之經濟價值者)。

所謂經濟價值,依實務之見解,係指某項資訊經過時間、勞力、成本之投入所獲得,在使用上不必依附於其他資訊而獨立存在,除帶來有形之金錢收入,尚包括市占率、研發能力、業界領先時間等經濟利益或競爭優勢者而言[3]。如他人擅自取得、使用或洩漏之,將足以造成秘密所有人經濟利益之損失或競爭優勢之削減。例如:企業獨有的食品配方或生產技術等,因其秘密性而使該企業享有競爭上優勢。而該等資訊不以已經實際使用於生產、銷售或經營而具有實際之經濟價值為限,只要將來可能使用該等資訊,而具有「潛在」之經濟價值,亦足當之。

三、合理保護措施

所謂合理保密措施,係指營業秘密之所有人主觀上有保護之意願,且客觀上有保密的積極作為,使人瞭解其有將該資訊當成秘密加以保守之意思。否則,即使是具有秘密性及經濟價值的重要資訊,但如果擁有該資訊之人沒有積極採取保護措施,法律也就沒有特別予以保護之必要。此寓有調和營業秘密所有人之權益與其他人之利益,避免他人動輒得咎之目的。

3　參見最高法院104年度台上字第1654號民事判決。

　　就一般企業的情形，大多會採取簽署保密協議[4]、對接觸該營業秘密者加以管制、於文件上標明「機密」或「限閱」等註記、對該等資料予以上鎖或設定密碼、於員工離職時進行離職面談，並於必要時簽署離職後競業禁止且給予合理補償等方式，以滿足合理保密措施之要求。但亦有實務見解認為，是否採取合理之保密措施，不以有簽署保密協議為必要，若營業秘密之所有人客觀上已為一定之行為，使人瞭解其有將該資訊作為營業秘密保護之意，並將該資訊以不易被任意接觸之方式予以控管，即足當之[5]。換言之，相關資訊應就實際情況已盡合理努力，依其營業秘密之種類及企業之實際經營情形等，就資料的取得加以控管即屬之。但具體控管之方法及內容，仍須視個案情況而定，例如企業將相關資料存放於任何員工皆能觀覽、存取、下載、列印之公用資料夾，此時企業固然可主張該資料內容已受密碼之保護，但此種未針對接觸層級，而僅以概括員工帳號密碼作為保護措施之方式，是否已符合合理保護措施的要求，仍有爭執的空間。此外，實務上亦有許多見解認為，企業應依業務需要進行分類、分級，而由不同之授權職務等級者知悉的措施，始滿足合理保密措施之要求。

　　然而，上述之要件及在個案當中應如何適用，即特定之資訊是否屬於營業秘密、是否具有經濟價值、所採取之控管方式是否屬合理的保護措施等，仍應視具體資訊的內容、證據的蒐集與準備而有不同。例如：擁有營業秘密，並妥善設定電腦密碼、各層級分工管理權限之甲企業，雖然可能已符合營業秘密之各項要件，惟如甲企業為與乙企業合作，卻未要求乙企業簽署保密協議、亦未要求乙企業應採取保護措施，以維護該資訊之機密性，即率爾將其機密資訊提供給乙企業，以致甲企業之營業秘密遭受他人侵害，此時，就甲企業本身雖已採取合理保護措施，但其提供予乙企業

---

[4]　惟參考智慧財產法院104年度民營上字第2號民事判決之見解：「營業秘密所有人所採取的保密措施，須與特定的營業秘密相連結，讓可能接觸此等營業秘密的人明確知悉該資訊係營業秘密，且受到營業秘密所有人之保護，而不能只是空泛要求相關人員負保密義務。例如企業縱使與員工簽署技術保密協議，但也要讓員工知悉哪些資訊是屬於該保密協議中應保密的技術，否則單憑一紙保密協議，仍無法認定企業已採取了合理的保密措施。」可知企業不能僅是要求所有員工簽署保密協議，空泛地要求員工負保密義務而已，而應該採取更積極的保護措施，使員工知悉那些特定之資訊，企業主觀上有加以保護之意思，方屬已足。

[5]　參見智慧財產法院104年度民營上字第2號民事判決。

時，並未刻意加以保護，因此，是否仍符合上述營業秘密之要件，非無疑義。

參、營業秘密之侵害及救濟

一、民事救濟

　　有關營業秘密的民事侵害態樣，依營業秘密法第10條第1項之規定：「有左列情形之一者，為侵害營業秘密。一、以不正當方法取得營業秘密者。二、知悉或因重大過失而不知其為前款之營業秘密，而取得、使用或洩漏者。三、取得營業秘密後，知悉或因重大過失而不知其為第一款之營業秘密，而使用或洩漏者。四、因法律行為取得營業秘密，而以不正當方法使用或洩漏者。五、依法令有守營業秘密之義務，而使用或無故洩漏者。」惟有關營業秘密侵害的態樣，並不以第10條第1項所規定之各款情形為限，參考本條立法理由，上述五款僅是例示規定，如有其他侵害情形，仍可依照營業秘密法第12條第1項規定：「因故意或過失不法侵害他人之營業秘密者，負損害賠償責任。數人共同不法侵害者，連帶負賠償責任。」而請求損害賠償。

　　所謂「不正當方法」，依營業秘密法第10條第2項之規定，係指竊盜、詐欺、脅迫、賄賂、擅自重製、違反保密義務、引誘他人違反其保密義務或其他類似方法。亦即並非所有取得營業秘密之行為，皆屬於營業秘密之侵害，而所謂不正方法，也必須是與營業秘密法第10條第2項規定所類似之行為，始足當之。

　　需特別說明者，營業秘密與專利權不同，專利權以申請登記為必要，且法律設有一定之保護期間，而申請之專利須刊登在專利公報；專利權在保護期間內，取得專屬之排他權利，除符合專利法所規定之例外情形，任何人不得侵害之。相對而言，營業秘密並不以登記為必要（性質上亦不適合登記），且有可能永久地受到保護；然法律並未賦予營業秘密專屬之排他權利，因此，如第三人以合法手段取得營業秘密所附著之物後，以還原工程等方式，分析其成分、設計，進而取得或破解營業秘密者，由於該

研究成果是第三人自行研究開發之成果，依營業秘密法第10條之立法意旨，尚非屬於不公平之競爭。此外，也不得逕以勞工於離職後至其競爭對手處任職，即反推其當然侵害原企業之營業秘密，或有侵害原企業營業秘密之不法意圖。

　　對於營業秘密之侵害，營業秘密所有權人依營業秘密法第12條之規定，請求損害賠償時，同法第13條第1項規定：「依前條請求損害賠償時，被害人得依左列各款規定擇一請求：一、依民法第二百十六條之規定請求。但被害人不能證明其損害時，得以其使用時依通常情形可得預期之利益，減除被侵害後使用同一營業秘密所得利益之差額，為其所受損害。二、請求侵害人因侵害行為所得之利益。但侵害人不能證明其成本或必要費用時，以其侵害行為所得之全部收入，為其所得利益。」亦即被害人得依具體個案情形並考量蒐集所得之證據，擇一為請求：

(一) 營業秘密侵害之被害人，除得依據民法第216條之規定，請求所受損害及所失利益外，由於此類無體財產權之侵害，究竟造成多少財產或營業上的損害，較難具體認定，因此本項第1款但書規定，在被害人無法依民法第216條證明其損害時，得以其預期利益減除實際所得利益之差額，作為損害賠償額。

(二) 反之，被害人亦得請求因侵害人行為所得之利益，且將舉證責任轉換，改由侵害人負擔證明其成本及必要費用，否則應將其侵害行為所得之全部收入，全部列為其因侵害所得之利益。

(三) 此外，營業秘密法第13條第2項亦規定，如加害人對於侵害行為係屬故意時，法院得因被害人之請求，依侵害情節，酌定損害額以上之賠償，但以已證明損害額之三倍為上限。亦即透過懲罰性賠償金之規定，提高賠償額度，以遏止故意侵害之情事。我國實務上，曾發生大立光電股份有限公司控告先○光電科技有限公司以及原先任職於大立光電股份有限公司之四名工程師（離職後跳槽至先○光電科技有限公司）之案例[6]，法院於該案例中，即肯認原告得請求已證明損害額三倍之懲罰性賠償金，判決被告應連帶給付原告計新臺幣

---

[6]　參見智慧財產法院102年度民營訴字第6號民事判決。

1,522,470,639元，創下營業秘密法施行以來，法院判決最高賠償金額之案例[7]。

除了損害賠償請求權外，營業秘密法第11條亦規定「營業秘密受侵害時，被害人得請求排除之，有侵害之虞者，得請求防止之。被害人為前項請求時，對於侵害行為作成之物或專供侵害所用之物，得請求銷燬或為其他必要之處置。」亦即賦予營業秘密所有人侵害排除及防止請求權，例如他人取得附有營業秘密之文件或資料時，得請求其刪除或銷燬之；或就營業秘密遭到他人以不正當方法取得，意圖用於（或已用於）不當競爭時，得請求將相關資料銷燬或扣押之。

曾經喧騰一時的台積電控告梁孟松案，雖然梁孟松（原為台積電研發部門資深處長）於2009年離職前與台積電訂有離職後兩年內不得至競爭對手任職之約定，但法院[8]於審理後，除認為梁孟松於2015年12月31日止（即原先兩年競業禁止之期限），不得以任職或其他方式為韓國三星電子公司提供服務外，更認為縱使於原先離職後之競業禁止期間屆滿後，因「梁孟松對台積電公司之特殊性及高度不可替代性，以及台積電公司、三星公司係以研發為主之公司性質，其所營項目亦係營業秘密法所欲保護的核心產業，及其間之（可能）競爭關係，再加之梁孟松離職後與三星公司之合作關係以觀，梁孟松任職三星公司對台積電公司營業秘密之侵害有極高之可能性，則實難想像除非梁孟松不至三星公司工作或為三星公司提供服務，有何其他更有效的方法，可以防止台積電公司之營業秘密遭受侵害，故禁止梁孟松任職三星公司或為三星公司提供服務，應係避免台積電營業遭受侵害的唯一方法」，因而判令梁孟松先生縱使於離職後競業禁止之兩年期間屆滿後，亦不得到三星公司或其關係企業任職，方足以保護台積電公司之營業秘密不受侵害。

二、刑事追訴

在1996年間營業秘密法立法之初，並未訂有刑事之相關規範，當時

7　王偉霖（2020），《營業秘密法理論與實務》，增訂三版，臺北：元照出版，頁147。
8　參見智慧財產法院102年度民營上字第3號民事判決。

或係考量刑法當中有關侵害營業秘密的行為態樣中，已有洩漏工商秘密罪、竊盜罪、侵占罪、背信罪、無故取得刪除變更電磁紀錄罪等規定，得加以規範。惟於2013年間修法時，考量侵害營業秘密之行為主體、客體及侵害方式等，與前述刑法之範疇並不相同，且前述刑法之法定刑度過低，恐無法有效保護營業秘密等理由，爰於營業秘密法中增訂第13條之1之刑事責任[9]，並對未遂犯加以處罰。另外，為保護我國產業，避免加害人取得營業秘密後，供域外使用，另增訂第13條之2之規定，就「意圖在外國、大陸地區、香港或澳門使用」而犯第13條之1第1項之罪者，明定處以一年以上十年以下有期徒刑，得併科新臺幣300萬元以上5000萬元以下罰金，以加重其處罰。

　　有關侵害營業秘密之刑事案件部分，依智慧財產法院組織法第3條第2款之規定，就違反營業秘密法之罪，不服地方法院依通常、簡式審判或協商程序所為之第一審裁判而上訴或抗告之刑事案件，由智慧財產法院管轄。依其反面解釋，侵害營業秘密罪之第一審刑事訴訟，仍由普通法院刑事庭管轄，故該案件應由檢察官指揮偵查並提起公訴後，或由被害人提起自訴後，其第一審刑事訴訟應由普通法院刑事庭進行審理。此外，依營業秘密法第13條之3第1項規定，第13條之1之罪須告訴乃論，因此，如被害人認他人涉嫌侵害其營業秘密時，應先依法提出告訴，方符國家追訴處罰之訴訟要件[10]。

　　當被害人向檢調機關提出告訴時，由於營業秘密案件與一般刑事案件不同，其除具有隱密性外，因營業秘密外觀並非檢調人員可一見即明，為特定何為營業秘密、是否符合營業秘密之要件（包括為何具有秘密性、經濟價值，以及已採取何種之合理保護措施等），及侵害態樣等，法務部乃制訂「檢察機關辦理重大違反營業秘密法案件注意事項」，依該注意事項

---

[9]　營業秘密法第13條之1第1項規定：「意圖為自己或第三人不法之利益，或損害營業秘密所有人之利益，而有下列情形之一，處五年以下有期徒刑或拘役，得併科新臺幣一百萬元以上一千萬元以下罰金：一、以竊取、侵占、詐術、脅迫、擅自重製或其他不正方法而取得營業秘密，或取得後進而使用、洩漏者。二、知悉或持有營業秘密，未經授權或逾越授權範圍而重製、使用或洩漏該營業秘密者。三、持有營業秘密，經營業秘密所有人告知應刪除、銷毀後，不為刪除、銷毀或隱匿該營業秘密者。四、明知他人知悉或持有之營業秘密有前三款所定情形，而取得、使用或洩漏者。」

[10]　但應注意，依據刑事訴訟法第237條第1項規定：「告訴乃論之罪，其告訴應自得為告訴之人知悉犯人之時起，於六個月內為之。」就告訴乃論之罪之告訴期間，訂有六個月之期間限制。

第6點之規定：「檢察官辦理重大違反營業秘密法案件，宜先由告訴人或被害人填寫釋明事項表（格式如附件），並偕同專業人員到庭。必要時，應以證人或鑑定人身分訊問告訴人、被害人或專業人員。」由告訴人或被害人先就相關事項，向檢調機關說明營業秘密之名稱、內容、歸屬、估價價值、保護措施等相關資訊，以協助檢調機關為後續之偵辦。另依上開注意事項第10點[11]之規定，檢察官實施重大違反營業秘密法案件之搜索時，雖不禁止告訴人或被害人在場，但應注意以提供必要之辨識協助為限，不得在場任意翻閱或拍攝其他資料。

肆、營業秘密案件與勞動事件之管轄競合

一、勞動事件法下的營業秘密管轄問題

在侵害營業秘密案件類型中，不乏公司所僱用之員工或研發人員，在任職中或離職後，以不正當方法侵害雇主之營業秘密者，此類案件涉及營業秘密的認定、是否構成侵害等爭點，使得案件具有高度專業性，有必要透過智慧財產法院依其專業及資源進行審理。惟另一方面，此等案件類型亦涉及勞工是否違反勞動契約或工作規則、勞動契約是否合法終止、（離職後）競業禁止條款是否有效及可否加以適用等問題，如從保護勞工權益的觀點出發，亦有促進勞資雙方實質平等，降低勞工訴訟障礙等需求。

依智慧財產法院組織法第3條第1款[12]之規定，依營業秘密法等所保護之智慧財產權益所生之第一審及第二審民事訴訟事件，應由智慧財產法院管轄；另智慧財產法院審理法第7條[13]亦規定，上開智慧財產法院組織法第3條第1款、第4款所定之民事案件，由智慧財產法院管轄。

---

[11] 檢察機關辦理重大違反營業秘密法案件注意事項第10點：「（第1項）檢察官實施重大違反營業秘密法案件之搜索時，宜指揮具相關專長之檢察事務官、司法警察官或司法警察協助，並全程錄音錄影。（第2項）告訴人或被害人於搜索時在場者，以提供必要之辨識協助為限。」

[12] 智慧財產法院組織法第3條第1款：「智慧財產及商業法院管轄案件如下：一、依專利法、商標法、著作權法、光碟管理條例、營業秘密法、積體電路電路布局保護法、植物品種及種苗法或公平交易法所保護之智慧財產權益所生之第一審及第二審民事訴訟事件，及依商業事件審理法規定由商業法院管轄之商業事件。」

[13] 智慧財產法院審理法第7條：「智慧財產法院組織法第三條第一款、第四款所定之民事事件，由智慧財產法院管轄。」

　　由於上述規定，並未規定「專屬管轄」，且未排除普通法院依民事訴訟法所享有之管轄，而參考智慧財產案件審理細則第9條之規定：「智慧財產民事、行政訴訟事件非專屬智慧財產法院管轄，其他民事、行政法院就實質上應屬智慧財產民事、行政訴訟事件而實體裁判者，上級法院不得以管轄錯誤爲由廢棄原裁判。」其立法理由稱：「按組織法第三條第一款、第三款規定，對劃分由智慧財產法院管轄之智慧財產民事、行政訴訟事件，係採列舉方式，由智慧財產法院優先管轄，非智慧財產法院專屬管轄。因之，當事人誤將智慧財產民事、行政訴訟事件向普通法院起訴，普通民事法院、行政法院不察，未以管轄錯誤裁定移送智慧財產法院，逕爲實體裁判，並非違背法令，上級法院不得以此廢棄原裁判，爰訂定本條規定。」因此，就智慧財產案件之民事爭議（參考智慧財產案件審理細則第2條之規定），智慧財產法院及普通法院均有管轄權。二者之主要差異，在於智慧財產法院於審理時，全依通常程序進行，並未如同普通法院之民事訴訟會依事件性質及金額大小等，而區分小額、簡易及通常訴訟程序等；再者，智慧財產法院設有技術審查官，得透過其專業知識，協助訴訟之進行；普通法院之一般民事訴訟則無。

　　由上可知，在原先智慧財產法院組織法及智慧財產法院審理法的架構下，原告在起訴時，得考量具體案件爭執的態樣、複雜程度，以後續訴訟審理的勞力、時間、費用等訴訟成本，自行選擇向普通法院或智慧財產法院起訴。除雙方另有排除管轄之合意外，否則被告僅能至原告選擇起訴之法院應訴[14]。

　　然而，我國於2018年11月9日制訂勞動事件法，並於2020年1月1日正式施行。爲迅速、妥適、專業、有效、平等處理勞動事件，保障勞資雙方權益及促進勞資關係和諧，進而謀求健全社會共同生活，就勞動事件於各級法院設置勞動專業法庭（勞動事件法第4條）進行審理。依勞動事件法第2條第1項之規定：「本法所稱勞動事件，係指下列事件：一、基於……工作規則、……勞動契約……及其他勞動關係所生民事上權利義務之爭議。……三、因……競業禁止及其他因勞動關係所生之侵權行爲爭議。」

---

[14] 如向普通法院起訴者，仍應依民事訴訟法之規定，諸如「以原就被」原則等，定其管轄權。

第2項：「與前項事件相牽連之民事事件，得與其合併起訴，或於其訴訟繫屬中為追加或提起反訴。」因此，員工於（離職前夕）任職期間是否違反勞動契約、工作規則及競業禁止條款等，而擅自重製或洩漏公司之營業秘密、離職後是否違反離職後之競業禁止約款、到競爭對手任職有無侵害原公司之營業秘密而構成侵權行為等情事，亦屬勞動事件，勞動法院也有管轄權。

　　依據勞動事件法第6條第2項規定，勞動事件「……雇主為原告者，勞工得於為本案言詞辯論前，聲請將該訴訟事件移送於其所選定有管轄權之法院。但經勞動調解不成立而續行訴訟者，不得為之。」同法第7條第1項亦規定：「勞動事件之第一審管轄合意，如當事人之一造為勞工，按其情形顯失公平者，勞工得逕向其他有管轄權之法院起訴；勞工為被告者，得於本案言詞辯論前，聲請移送於其所選定有管轄權之法院，但經勞動調解不成立而續行訴訟者，不得為之。」由上可知，就勞工涉嫌侵害原雇主營業秘密之案件，雇主（原告）雖自行選擇向普通法院或智慧財產法院起訴，但因其亦屬勞動事件，而依勞動事件法第7條第1項之規定，勞工在本案言詞辯論或勞動調解不成立而續行訴訟前，得聲請法院將該訴訟事件移送於其他有管轄權之法院（勞動事件法審理細則第7條第1項亦同此旨）。

　　如此一來，在勞動智財案件中，原先雇主（原告）得選擇起訴法院之架構，在勞動事件法下已不復存在。在現行勞動事件法下，如勞工為原告，則仍維持得自由選擇向普通法院或智慧財產法院起訴的權利；反之，如勞工為被告者，就雇主向智財法院所提起之訴訟，勞工卻享有最終之決定權，得考量系爭案件的具體爭點、舉證的難易度、法院的便利性、是否進行勞動調解委員會等，選擇對自己最有利之法院進行訴訟，而聲請將該案件移送於其所選定有管轄權之法院，並由該法院依其所應適用之法律進行審理[15]。

---

[15] 如智慧財產法院108年度民著訴字第126號裁定認為：「本件勞動事件雖涉及智慧財產權，而經相對人即雇主向本院起訴，惟聲請人即勞工於本案言詞辯論前，聲請將本案移送於其所選定有管轄權之新北地院，由勞動法庭處理，核與勞動事件法第6條第1項、第2項、勞動事件法施行細則第3條第1項、第2項準用同細則第2條第1項第2款及勞動事件審理細則第7條第1項前段等規定相符，應予准許。」即允許勞工之聲請，以裁定將案件由雇主原先起訴之智慧財產法院移送至普通法院管轄。

　　然依勞動事件法第7條第1項之規定：「……勞工為被告者，得於本案言詞辯論前，聲請移送於其所選定有管轄權之法院……」。假設雇主（原告）是先向智慧財產法院提起訴訟，而勞工應訴後並未為管轄之抗辯，但案件進行相當時日後（或勞工發覺由智財法院繼續審理可能對其不利），勞工始依該規定於「得於本案言詞辯論前」，聲請移送於其所選定有管轄權之法院，如此，原先智財法院所進行之程序豈不是白費！實有違紛爭迅速解決之目的。

二、勞動智財案件之審理規定適用問題

　　如上所述，勞工雖享有最終選擇審理法院的權利，但不論是由何法院加以審理（可能包括智財法院、普通法院民事庭、勞動法庭等），並未改變此類案件同時兼具勞動事件及智慧財產案件之特性，惟其審理程序卻天差地別。

　　依勞動事件審理細則第4條第1項之規定：「勞動事件之全部或一部涉及智慧財產權者，得由勞動法庭處理。」第2項：「勞動法庭處理前項事件，關於涉及智慧財產權部分之審理與強制執行，依本法及本細則之規定；本法及本細則未規定者，適用智慧財產案件審理法、智慧財產案件審理細則之規定。」第3項：「勞動法庭處理第一項事件，不適用智慧財產案件審理法第六條、第七條、第十九條、第二十一條第二項、第二十二條規定。」第4項：「智慧財產法院處理第一項事件，依智慧財產案件審理法、智慧財產案件審理細則之規定；智慧財產案件審理法、智慧財產案件審理細則未規定者，適用本法及本細則之規定。但本法第四條第一項及第二章規定，不適用之。」依該條第2項之規定，如勞動事件全部或一部涉及智慧財產權，並且由勞動法庭審理時，應優先適用勞動事件法及勞動事件審理細則之規定，且案件一旦在勞動法庭依勞動事件法審理後，即排除再由智財法院審理[16]，只有勞動事件法及勞動事件審理細則未規定之事項，才

---

[16] 依勞動事件審理細則第4條第3項之規定，更明文規定不適用智慧財產案件審理法第6條（不區分簡易訴訟或小額訴訟）、第7條（排除智財法院之管轄）、第19條（排除智財案件之上訴或抗告，由智財法院管轄之規定）、第21條第2項（排除智財案件之支付命令聲請，由智財法院處理之規定）、第22條（排除關於假扣押、假處分或定暫時狀態假處分由智財法院審理之規定）規定。

得適用智慧財產案件審理法、智慧財產案件審理細則之規定。

　　反之，如勞動事件之全部或一部涉及智慧財產權，且由智慧財產法院處理時，依據勞動事件審理細則第4條第4項之規定，智慧財產法院應依智慧財產案件審理法、智慧財產案件審理細則之規定，而當智慧財產案件審理法、智慧財產案件審理細則未規定的情形下，才適用勞動事件法及勞動事件審理細則之規定。

　　如智慧財產案件審理法等與勞動事件法等之個別規範，並未發生衝突或矛盾者，無論是由何法院（智財法院、勞動法院）適用何種審理（智慧財產案件審理法、勞動法院）規定，並不會發生排除他種法規適用之餘地。舉例而言，依智慧財產案件審理法之規定，如當事人或訴訟關係人之所在處所與法院間有聲音及影像相互傳送之科技設備而得直接審理者，得以遠距方式審理（第3條）；法院於必要時得命技術審查官執行職務，協助法院審理案件（第4條）；就已知之專業知識，應予當事人辯論機會，始得為裁判之基礎（第8條第1項）；涉及營業秘密之案件得不公開審理，且法院得依聲請或依職權不予准許或限制訴訟資料之閱覽、抄錄或攝影（第9條）；法院得依聲請核發秘密保持命令（第11條以下）等規定，與現行之勞動事件法並無矛盾之處，故此勞工涉嫌侵害原雇主營業秘密之案件，縱使於勞動法院審理者，勞動法院應適用上述規定。

　　再者，勞動事件法為降低勞工於勞動事件之訴訟障礙，保障勞工之經濟弱勢地位，訂有暫免徵收勞工之裁判費、受領之給付推定為勞工因工作而獲得之報酬（第37條）；出勤紀錄記載出勤時間推定為經雇主同意之執行職務（第38條）；強化雇主提出證據義務（第35條、第36條第1項）等勞動事件法之特別規定，由於並未與智慧財產案件審理法相關法規有所衝突，因此，當案件由智慧財產法院審理時，智慧財產法院亦應適用上開規定。

　　此種法律適用方式，雖符合法律之通常適用原則（即法律本身未規定，如其他法律對類似情形已有規定者，則以其他法律之規定補充之），乍看之下似兼顧了兩種類型案件之特點，但實質上卻忽視了兩種案件類型應由專業審理的需求（尤其是智慧財產案件的特性）。

　　例如勞動事件法原則上應經法院行勞動調解程序（第16條）[17]，而依該法第24條第1項及第2項之規定：「勞動調解程序，除有特別情事外，應於三個月內以三次期日內終結之。」、「當事人應儘早提出事實及證據，除有不可歸責於己之事由外，應於第二次期日終結前為之。」然此等規定不僅忽略原先智慧財產案件著重於專業審理，排除調解程序之立法意旨，另一方面，要求勞動事件一概採取調解先行，亦忽視調解程序的極限，反而容易造成雙方無謂地在調解程序中進行協商，而無法正確而迅速地解決紛爭。又勞動事件法第32條第1項規定，勞動事件法院應以一次期日辯論終結為原則，且第一審應於六個月內審結。雖然該項但書規定「但因案情繁雜或審理上之必要者，不在此限」，亦與智財案件著重專業審理之本質有所衝突。

　　由上可知，就勞工涉嫌侵害原雇主營業秘密之案件，可能產生勞動事件與智財案件競合之情形，就智慧財產案件審理法與勞動事件法之個別規範，如未發生衝突或矛盾者，得彼此互為補充，因此，無論是由何法院（智財法院、勞動法院）適用何種審理（智慧財產案件審理法、勞動法院）規定，並不會發生太大問題。然如前所述，智財案件與勞動事件有本質上之差異，所應適用的程序亦不盡相同，如勞動事件採強制勞動調解程序，於三個月內以三次調解期日內終結為原則，而進入訴訟程序中，亦以一次期日辯論終結為原則，且第一審應於六個月內審結，此等程序之規定，顯然不符合涉及營業秘密侵害之智財案件特性。實則，此類案件之特性，勞工通常於原雇主已任職相當之期間或屬（主動）離職而到原雇主之競爭對手任職之情形，因此，其所涉及勞動契約有效性之爭議較少；反之，此類案件主要涉及員工於離職前（無論是競爭同業以高薪挖角或員工

---

[17] 其立法理由稱：「勞動事件之兩造當事人間，通常存有經濟地位之差距，勞工有繼續工作以維持生計之強烈需求，難能負擔長期進行訴訟所需之勞費，而雇主於經營上之穩定和平亦不堪長期紛擾。其紛爭之發生及兩造權利義務之行使履行，常與實際勞資互動之現實情況（包括勞雇關係之間各項制度、慣行等）密切關連，兩造間關係之妥適判斷或合理調整，有賴於以勞雇關係或勞資事務之經驗與專門知識為基礎，而與一般單純財產紛爭有所不同。基於上述特性，勞動事件之爭議處理，宜本於對勞資現實情況之理解為事實及法律關係之判斷，使兩造了解爭議之所在與各自之權利義務，而促成其自主性、合意性解決。為謀求勞動事件處理之妥速、專業、自主解決及實效性，宜設立特別之訴訟紛爭解決機制，並引進對勞資事務具專門知識、經驗之人參與，於簡速程序中為事實認定與法律效果之判斷，使當事人了解爭點所在，並在其對事實與利害關係有所理解之基礎上，自行達成解決紛爭之合意，或接受由法院提供之調解條款或適當方案。……」

自行跳槽），（大量）拷貝、列印或重製原有公司之機密檔案，而帶槍投靠之情形，其主要爭議反而是其所拷貝、重製之機密檔案是否屬原雇主之營業秘密，以及是否以不正當方法侵害雇主之營業秘密，就案件性質而言，似應由智財法院審理，較符合專業分工之原則。然現行法律之規定，卻一味地賦予勞工選擇審理法院之決定權（如選擇住所地之勞動法院管轄），忽視系爭案件之性質、重要爭點，以及在功能性上應由哪一方法院進行審理較爲妥適的思維，適用結果不僅勞動法院的法官感覺窒礙難行，訴訟當事人亦倍感壓力，且無法達到勞資和諧、勞資爭議迅速解決之目的，反而是倉促審理，無法達到專業審理以提升人民對司法信任，造成各方均難以信服之結果，實有待商榷！

伍、結語

由上可知，營業秘密案件不論是在事前、事中以及事後的救濟途徑，都具有高度的技術性，有賴專家進行妥適的管理與規劃。事前妥適的佈局，確保各項機密資訊符合營業秘密的要件，並定期進行追蹤確認，可有效預防各種侵害；而在事發時，快速確認侵害的方式及來源，防止損害進一步擴大；於事發後，亦需要於掌握證據後，針對各種救濟及預防侵害的途徑進行充分評估。

現行營業秘密案件的管轄，在刑事方面，第一審於檢察官提起公訴或被害人提起自訴後，在普通法院進行審理，但若不服地方法院之第一審裁判而上訴或抗告之刑事案件，卻是改由智財法院管轄；而民事方面，如涉及勞動事件，更是採取智財法院與普通法院勞動法庭均有管轄權的雙軌制度，除有智財案件及勞動事件相關規定的競合適用問題外，勞工更享有選擇審理法院的最終決定權。未來如有重大矚目營業秘密案件（如半導體、積體電路設計等高科技且亟需相關知識的案件類型），卻任由勞工選擇在勞動法院進行審理，反使智財法院、勞動法院等區分案件特性的意旨落空，無法達成定紛止爭、促進勞資和諧的目的，實非勞資雙方所樂見，亦不利於營業秘密的保護與利用。

營業秘密刑事被告之卷證資訊獲知權 ——以秘密保持命令制度為中心

吳祚丞、林詩瑜

壹、前言

　　為保障智慧財產權，促進國家科技與經濟發展，我國於2007年制定智慧財產法院組織法及智慧財產案件審理法（下稱「智財案件審理法」）。法制施行以來已逾十年，相關法制是否已建制完善、實務運作是否順利無礙，實值關注。以秘密保持命令制度為例，智財案件審理法就秘密保持命令制度（第11條至第15條）是規定於民事訴訟章，至於刑事訴訟，則於同法第30條規定，第11條至第15條規定於刑事訴訟「準用」之。然而，民事訴訟與刑事訴訟案件性質迥異，於刑事訴訟案件，在現行法制下，究竟應該如何「準用」秘密保持命令制度，俾能保護營業秘密，並與憲法第16條保障訴訟權之正當法律程序原則、公平審判原則相符，實值深入探討，本文以下將詳細討論之。

貳、秘密保持命令之制度目的與功能

一、智財案件審理法第11條[1]規定，為避免營業秘密於訴訟進行中經開示，或供該訴訟進行以外之目的使用，而有妨害營業秘密持有人基於該營業秘密之事業活動之虞，致有限制開示或使用之必要時，營業秘

---

[1] 智財案件審理法第11條規定：「當事人或第三人就其持有之營業秘密，經釋明符合下列情形者，法院得依該當事人或第三人之聲請，對他造當事人、代理人、輔佐人或其他訴訟關係人發秘密保持命令：一、當事人書狀之內容，記載當事人或第三人之營業秘密，或已調查或應調查之證據，涉及當事人或第三人之營業秘密。二、為避免因前款之營業秘密經開示，或供該訴訟進行以外之目的使用，有妨害該當事人或第三人基於該營業秘密之事業活動之虞，致有限制其開示或使用之必要。前項規定，於他造當事人、代理人、輔佐人或其他訴訟關係人，在聲請前已依前項第一款規定之書狀閱覽或證據調查以外方法，取得或持有該營業秘密時，不適用之。受秘密保持命令之人，就該營業秘密，不得為實施該訴訟以外之目的而使用之，或對未受秘密保持命令之人開示。」

密持有人得聲請法院就該營業秘密對他造當事人、代理人、輔佐人或其他訴訟關係人發秘密保持命令;受秘密保持命令之人,就該營業秘密,不得為實施該訴訟以外之目的而使用之,或對未受秘密保持命令之人開示。倘有違反,依智財案件審理法第35條第1項規定,得處三年以下有期徒刑、拘役或科或併科新臺幣10萬元以下罰金。

二、參諸立法理由[2]可知,秘密保持命令之制度目的是透過課予違反秘密保持命令者刑事責任之制度設計,避免營業秘密遭無故洩漏或不當利用,鼓勵營業秘密持有人於訴訟中提出資料,並保障他造當事人之訴訟權,協助法院為適正裁判。因此,秘密保持命令制度,可謂係立法者考量「營業秘密持有人之財產權(避免營業秘密經提出後可能任意外流或遭不當利用)」與「訴訟當事人之訴訟權」之基本權緊張關係,為兼顧「營業秘密保護」及「公正裁判確保」二項相衝突之價值[3],特別制定的制度。

三、有別於民事訴訟係解決私權紛爭,刑事訴訟為確定國家具體刑罰權之程序,以發見真實,使刑罰權得以正確行使為宗旨[4],換言之,刑事訴訟程序首重真實發現及人權保障。而卷證資訊獲知權向來被認為係被告有效防禦之核心重要條件[5],蓋資訊地位優劣為辯護有效與否的關鍵,唯有使被告得閱覽作為控訴依據及裁判基礎的所有卷證資料,被告始有可能為充分實質有效之辯護,而與控方立於武器平等地位,

---

[2] 智財案件審理法第11條之立法理由:「一、按我國現行法中,對於訴訟中涉及當事人或第三人營業秘密之保護,有民事訴訟法第一百九十五條之一、第二百四十二條第三項、第三百四十四條第二項、第三百四十八條及營業秘密法第十四條第二項等,依上開規定,法院得為不公開審判、不予准許或限制訴訟資料閱覽,惟有關智慧財產之訴訟,其最須為保密之對象常即為競爭同業之他造當事人,此時固得依上開規定不予准許或限制其閱覽或開示,但他造當事人之權利亦同受法律之保障,不宜僅因訴訟資料屬於當事人或第三人之營業秘密,即妨礙他造當事人之辯論。為兼顧上開互有衝突之利益,爰於第一項明定秘密保持命令之制度,以防止營業秘密因提出於法院而致外洩之風險。二、受秘密保持命令之人如於秘密保持命令聲請前,已依其他途徑取得或持有營業秘密者,因與秘密保持命令制度在於鼓勵營業秘密持有人於訴訟中提出資料,而協助法院為適正裁判之本旨無涉,且於此情形,限制持有秘密之人為該營業秘密之利用,亦不合情理,爰於第二項明定排除之。三、受秘密保持命令之人,不得將受保護之營業秘密,使用於實施該訴訟以外之其他目的,或向未受秘密保持命令之人開示。爰設第三項規定。」

[3] 參閱黃國昌(2008),〈營業秘密在智慧財產權訴訟之開示與保護——以秘密保持命令之比較法考察為中心〉,《臺北大學法學論叢》,68期,頁159。

[4] 參閱司法院釋字第181號解釋理由書。

[5] 參閱楊雲驊(2007),〈閱卷權的突破——以歐洲人權法院近年來數個判決為例〉,收於:林鈺雄、顏厥安主編,《人權之跨國性司法實踐——歐洲人權裁判研究(一)》,頁95。

進而達到公平審判之要求[6]。因此，有別於民事訴訟，秘密保持命令制度於刑事案件之功能，應在於一方面確保被告之卷證資訊獲知權，另一方面透過對於被告核發秘密保持命令，禁止被告將營業秘密為訴訟目的外之使用或向未受秘密保持命令之人開示，以兼顧營業秘密之保護。

參、法院對於刑事案件秘密保持命令主觀範圍應採取之立場

一、秘密保持命令主觀範圍與刑事被告卷證資訊獲知權之關係

　　依智財案件審理法第11條第1項規定，僅有營業秘密持有人有權聲請法院對他造當事人、代理人、輔佐人或其他訴訟關係人核發秘密保持命令。準此，倘營業秘密持有人刻意排除刑事被告，僅聲請對辯護人核發秘密保持命令，法院是否得不受聲請人聲請之主觀範圍拘束，依職權將秘密保持命令核發對象擴張至被告？此一問題之重要性，在於假若採取否定見解，即為了保護營業秘密，法院僅得在聲請人聲請範圍內，准許對辯護人核發秘密保持命令，因殊難想像為保護營業秘密而僅對辯護人核發秘密保持命令，卻仍准許被告閱覽經法院核發秘密保持命令之卷證資料內容[7]，其結果為受限於秘密保持命令之效果包括不得對未受秘密保持命令之人開示，如此，縱令受核發秘密保持命令之辯護人得以閱覽營業秘密相關之卷證資料，但因不得向未受秘密保持命令之人告知卷宗內容，則未受秘密保持命令之刑事被告將無從獲知經法院核發秘密保持命令之卷證資料內容，該刑事被告之卷證資訊獲知權即遭限制。於此，所應探討者為，於上揭情形所形成之限制，是否合於憲法第16條訴訟權保障之意旨，而可能有適用上違憲之疑慮。

---

[6]　參閱林鈺雄（2009），〈刑事被告本人之閱卷權——歐洲法與我國法發展之比較與評析〉，《政大法學評論》，110期，頁215、222。

[7]　惟倘若係因符合智財案件審理法第11條第2項之規定，則另當別論。於此也涉及於刑事案件，可否完全準用該規定之疑義，蓋侵害營業秘密之刑事案件，被告理應已經知悉起訴犯罪事實所指營業秘密內容，否則即無犯罪嫌疑可言。惟為達保障營業秘密之目的，應認智財案件審理法第11條第2項之規定不得於刑事案件準用。

二、憲法對刑事案件秘密保持命令主觀範圍之基本要求

(一) 刑事被告卷證資訊獲知權之內涵

　　參諸司法院釋字第582號、第762號解釋理由書意旨，憲法第16條規定人民有訴訟權，旨在確保人民有受公平審判之權利，依正當法律程序之要求，就刑事審判上之被告而言，應使其在對審制度下，依當事人對等原則，享有充分之防禦權，包括被告卷證資訊獲知權，俾受公平審判之保障。是被告之卷證資訊獲知權，屬被告受憲法訴訟權保障應享有之充分防禦權，被告得親自直接獲知而毋庸經由他人輾轉獲知卷證資訊，不因其有無辯護人而有異。因此，刑事案件審判中，原則上應使被告得以適當方式適時獲知其被訴案件之卷宗及證物全部內容。再者，參酌司法院釋字第737號解釋理由書意旨[8]，即使在偵查中之羈押程序，因涉及人身自由之剝奪，基於正當法律程序原則，仍應將剝奪人身自由所依據之卷證資料使辯護人及被告獲知，方屬合憲。

(二) 基本權衝突之裁量基準——正當法律程序、武器平等原則

　　如同其他基本權，刑事被告之卷證資訊獲知權也非絕對不可限制之權利，惟限制（或所造成之限制）仍必須符合正當法律程序之要求，須視被告充分防禦之需要、案件涉及之內容、卷證之安全、有無替代程序及司法資源之有效運用等因素，綜合判斷而為認定[9]。此外，亦應審視有無違反武器平等原則，即是否妨礙被告在審判中平等獲得資訊之權利及防禦權之行使[10]。

(三) 法律之適用及準用

　　如前所述，秘密保持命令制度乃係立法者考量案件涉及營業秘密，權衡基本權衝突後所特別制定之法制，然而，刑事訴訟程序有別於民事訴訟，因訴訟目的在於確定國家刑罰權能否行使，重者甚至可剝奪刑事被告

8　參閱司法院釋字第737號解釋理由書：「偵查階段之羈押審查程序，係由檢察官提出載明羈押理由之聲請書及有關證據，向法院聲請裁准之程序。此種聲請羈押之理由及有關證據，係法官是否裁准羈押，以剝奪犯罪嫌疑人身自由之依據，基於憲法正當法律程序原則，自應以適當方式及時使犯罪嫌疑人及其辯護人獲知，俾得有效行使防禦權。」

9　參閱司法院釋字第762號解釋理由書。

10　參閱司法院釋字第665號解釋理由書。

之生命，故特重眞實發現及人權保障，其中又以被告對於卷證資訊的獲知權，作爲公平審判之基礎，倘若秘密保持命令之主觀範圍僅包括辯護人，而不包括被告，則受限於秘密保持命令之效果包括不得對未受秘密保持命令之人開示，則被告甚至連從辯護人處輾轉得知相關卷證資料內容也不可得，對被告訴訟防禦權造成之侵害，不言可喻，遑論，被告對於有無涉案及涉案內容係親身經歷，其閱覽卷證後對於不利於己證之澄清、辯解，往往非僅由辯護人閱卷所能取代[11]。而另一方面，涉嫌侵害營業秘密遭起訴之刑事被告，理應已經知悉起訴犯罪事實所指營業秘密內容，否則即無犯罪嫌疑可言，因此理論上應不會有對被告核發秘密保持命令本身即是「侵害」營業秘密行爲之情形。此外，受秘密保持命令者，倘有違反秘密保持命令，須負擔相關刑事責任，則應認核發秘密保持命令對營業秘密持有人之權益已有所保障[12]。

　　是以，爲避免立法者藉由秘密保持命令制度所建制的基本權調和機制於適用（準用）上發生失衡，或甚至造成侵害被告卷證資訊獲知權的情形，並參酌在公平審判原則的對審要求下，排除刑事訴訟程序中妨礙達成形式武器平等的制度障礙，是刑事訴訟理論發展趨勢[13]，於刑事案件決定秘密保持命令之主觀範圍時，自仍應符合憲法揭櫫之正當法律程序及武器平等原則，即原則上應將被告包括於秘密保持命令之主觀範圍[14]內，縱要予以排除，亦唯有在被告之訴訟防禦權已受充分保障，始得爲之[15]。

三、法院之秘密保持命令主觀範圍裁量權

(一) 實務見解固有認爲依照智財案件審理法第11條第1項規定，秘密保持命令之主觀範圍須由營業秘密持有人向法院提出聲請，因此法院並無

---

[11]　參註9。
[12]　智慧財產法院108年度刑智抗字第7號刑事裁定：「智慧財產案件審理法已有秘密保持命令制度足以確保被告營業秘密受保護……。」智慧財產法院108年度刑智抗字第10號刑事裁定：「……各該被告、辯護人暨辯護人之助理均已受有秘密保持命令，依法不得對於未受秘密保持命令之人開示，倘有違反者，應負擔相關刑事責任，對告訴人之權益已有所保障……。」
[13]　林鈺雄，同註6，頁262。
[14]　參最高法院107年度台抗字第625號民事裁定、智慧財產法院108年度刑智抗字第10號刑事裁定。
[15]　參智慧財產法院108年度刑秘聲字第1號刑事裁定。

逕自擴張秘密保持命令主觀範圍之職權[16]。惟此見解是否正確，容有疑問，蓋條文並未明文限制法院僅能於營業秘密持有人所聲請之主觀範圍內裁量應對何人核發秘密保持命令，毋寧僅係將聲請核發秘密保持命令之發動權繫於營業秘密持有人。又參諸智慧財產案件審理細則第21條[17]、第23條[18]規定，法院於核發秘密保持命令之前，就應受秘密保持命令之人，除得通知兩造協商外，尚得依職權詢問當事人、應受秘密保持命令之人及關係人或必要時進行證據調查，應可推得法院對於受秘密保持命令之主觀範圍應具有裁量權，可不受營業秘密持有人聲請範圍之拘束[19]。

(二) 何況，如前所述，刑事案件秘密保持命令之主觀範圍，應以被告之訴訟防禦權是否受充分保障為首要考量。而事實上，營業秘密持有人通常為營業秘密刑事案件之告訴人，基於使被告獲有罪判決之動機，難以期待營業秘密持有人均主動將刑事被告包含於秘密保持命令之聲請範圍內，使被告在秘密保持命令約束下得以閱覽營業秘密相關卷宗，以充分行使其防禦權，因此，解釋上自應賦予法院於具體個案裁量秘密保持命令主觀範圍之權限。此一裁量決定權，對於在刑事案件中，法院所負真實發現義務，以及負有對被告有利不利事項均應注意之客觀義務及應盡力維護當事人間武器平等而言，更顯其重要性。為免使營業秘密持有人在相當大之程度上得以影響「居於他造當事人側之何人」得接觸涉及營業秘密之卷宗而為訴訟之準備與實施，將秘密保持命令制度濫用作為限制被告卷證資訊獲知權的手段，導致過度保障營業秘密持有人，而犧牲對刑事被告之訴訟防禦權，進而阻礙法院發現真實，實不應使營業秘密持有人享有「壟斷」秘密保持命令主觀範圍之聲請權，藉此拘束法院形成秘密保持命令主觀範圍之權利。

---

16 參臺灣桃園地方法院109年度聲字第57號刑事裁定。

17 智慧財產案件審理細則第21條規定：「關於應受秘密保持命令之人，以得因本案接觸該營業秘密之人為限。如他造已委任訴訟代理人，其代理人宜併為受秘密保持命令之人。法院為前項裁定前，得通知兩造協商確定之。」

18 智慧財產案件審理細則第23條規定：「法院就秘密保持命令之聲請，於裁定前得詢問當事人、應受秘密保持命令之人、關係人或為其他必要之證據調查。」

19 參李傑清（2015），〈析論智慧財產刑事案件之秘密保持命令——以日本法權衡司法正義與營業秘密保護之觀點〉，《東吳法律學報》，26卷4期，頁62。

(三) 就此，有實務見解即認為倘為進行訴訟活動必要而有接觸營業秘密之人，依智財案件審理法第11條第1項之立法意旨，皆有受秘密保持命令之必要，而有無核發秘密保持命令必要，則由法院依裁量決定之[20]。更有案例係營業秘密持有人僅聲請對被告及其等辯護人核發秘密保持命令，經法院裁量後，依職權擴張主觀範圍至對被告、辯護人及辯護人之助理均核發秘密保持命令[21]，營業秘密持有人不服，聲請撤銷該秘密保持命令，再經法院以助理均屬立法意旨所揭諸應辯護人所要求而從事準備工作之輔助人，能令被告、辯護人為充分之答辯及防禦，並能有效率進行訴訟程序為由，駁回聲請[22]。學說上，亦有論者認為秘密保持命令之主觀範圍，應由法院於兼顧「當事人公平地實施訴訟」與「營業秘密保護」二項基本價值之平衡，依系爭資訊之性質與內容（例如是否涉及高度的專業技術性而無法期待律師得以理解、是否涉及大量資料之整理而無法期待律師親自獨力完成），並考量就系爭資訊進行攻擊防禦之實質需求（例如增列所聘請之專家或律師之助理），由法院裁量決定，不受營業秘密持有人聲請範圍之限制[23]，殊值參考。

肆、未受秘密保持命令之刑事被告可能之救濟方式

一、現行法制對刑事被告之訴訟權保障不周

(一) 依智財案件審理法第13條第4項規定，駁回秘密保持命令聲請之裁定，得為抗告。該條立法理由並明載：「第四項規定駁回秘密保持命令聲請之裁定，得為抗告。至於秘密保持命令經准許者，除得依第十四條規定另行聲請撤銷秘密保持命令外，不得抗告，以避免於抗告過程中，發生秘密外洩而無從規範之情形。」可知，依現行法之規

---

[20] 參最高法院107年度台抗字第625號民事裁定。

[21] 參臺灣士林地方法院109年度聲字第286號刑事裁定。

[22] 參臺灣士林地方法院109年度聲字第985號刑事裁定。

[23] 黃國昌（2008），〈「公正裁判確保」與「營業秘密保護」的新平衡點──簡介智慧財產案件審理法中之秘密保持命令〉，《月旦民商法》，21期，頁63。

定，經法院准許核發秘密保持命令者，除得依智財案件審理法第14條規定[24]撤銷秘密保持命令外，不論係聲請人、受秘密保持命令之人或未受秘密保持命令之人，均不得提起抗告[25]。

(二) 惟如前所述，倘營業秘密持有人刻意排除被告，僅對辯護人聲請核發秘密保持命令，將可能嚴重侵害被告之訴訟防禦權。舉例而言，若具體個案情形，法院就涉及營業秘密且係檢察官用以證明被告犯罪之重要卷證資料，僅對辯護人核發秘密保持命令，該秘密保持命令之內容並禁止辯護人向未受秘密保持命令之人開示，而未將未受秘密保持命令之被告排除於禁止開示對象之外，則所生之效果等同禁止辯護人就所閱得卷證資料中涉及營業秘密且為檢察官欲證明被告有罪之最關鍵重要事證告知被告，辯護人亦不得就此部分與被告進行答辯之準備及討論，於此情形，難認被告之訴訟防禦權未受嚴重侵害。惟依現行智財案件審理法第13條第4項規定，竟不得提起抗告。

(三) 又由智財案件審理法第14條第1項之條文內容可知，聲請撤銷秘密保持命令必須由受秘密保持命令之人，於符合一定之要件下，聲請法院撤銷秘密保持命令，其所生效果為使該秘密保持命令自始不生效力。然倘救濟目的係希望使參與刑事訴訟程序而必須接觸、知悉營業秘密之人（特別是指：受刑事訴追而為訴訟主體之被告、為被告行使防禦權之辯護人），均得以在秘密保持命令之拘束下，獲知涉及營業秘密內容但為被告訴訟防禦上之重要證據資料，以確保被告之訴訟防禦權，亦即，提起救濟之目的，係為糾正秘密保持命令之主觀範圍及其內容不當，致實質侵害被告之訴訟防禦權，此時，即非係以聲請撤銷，使已核發之秘密保持命令自始不生效力此一法律救濟途徑所可以達成。就此，有論者亦認為現行撤銷秘密保持命令之救濟途徑，無法解決「當事人所欲爭執者，並非系爭秘密保持命令因欠缺要件應全部

---

[24] 智財案件審理法第14條規定：「受秘密保持命令之人，得以其命令之聲請欠缺第十一條第一項之要件，或有同條第二項之情形，或其原因嗣已消滅，向訴訟繫屬之法院聲請撤銷秘密保持命令。但本案判決確定後，應向發秘密保持命令之法院聲請。秘密保持命令之聲請人得聲請撤銷該命令。關於聲請撤銷秘密保持命令之裁定，應送達於聲請人及相對人。前項裁定，得為抗告。秘密保持命令經裁定撤銷確定時，失其效力。撤銷秘密保持命令之裁定確定時，除聲請人及相對人外，就該營業秘密如有其他受秘密保持命令之人，法院應通知撤銷之意旨。」
[25] 參智慧財產法院106年度刑智抗字第15號刑事裁定。

撤銷，而係就裁定內容主張不當」的情形[26]。

二、刑事訴訟法第403條第1項之抗告程序解釋上應為可行之救濟途徑

刑事訴訟法第403條第1項規定，當事人對於法院之裁定有不服者，除有特別規定外，得抗告於直接上級法院。同法第404條第1項規定[27]，若僅為訴訟程序之裁定，除非符合但書例外情形，不得抗告。於此，有待討論者為：未受秘密保持命令之被告係否屬裁定之當事人？秘密保持命令是否僅屬訴訟程序之裁定？智財案件審理法第13條第4項規定是否為刑事訴訟法第403條第1項規定所稱之特別規定？

(一) 未受秘密保持命令之被告為秘密保持命令之實質當事人

於營業秘密持有人僅對辯護人聲請核發秘密保持命令，法院也僅對辯護人核發秘密保持命令之情形下，未受秘密保持命令之被告，固非屬秘密保持命令之形式當事人，然被告為刑事訴訟案件之當事人[28]，就刑事案件應享有充分之防禦權，包括卷證資訊獲知權，倘被告之卷證資訊獲知權因秘密保持命令之內容，受有侵害，法理上應認被告為因該秘密保持命令直接受有實質不利益之人，即被告為該秘密保持命令之實質當事人。學者就此亦持肯定見解，認為秘密保持命令之內容，有可能影響其他具有法律上利害關係之人的重要權益，因此在得請求救濟的主體範圍上，應擴及於對該秘密保持命令具有法律上利害關係之人，至少承認本案訴訟之當事人，亦屬於秘密保持命令之實質當事人[29]。

---

[26] 參黃國昌，同註23，頁65-66；黃國昌（2008），〈營業秘密在智慧財產權訴訟之開示與保護——以秘密保持命令之比較法考察為中心〉，《臺北大學法學論叢》，68期，頁198-200；黃國昌（2013），〈智慧財產案件審理程序之營業秘密保護——以「秘密保持命令」新制的運作為中心〉，收於：《立憲國家之課題與挑戰：許志雄教授六秩華誕祝壽論文集》，頁829。

[27] 刑事訴訟法第404條第1項規定：「對於判決前關於管轄或訴訟程序之裁定，不得抗告。但下列裁定，不在此限：一、有得抗告之明文規定者。二、關於羈押、具保、責付、限制住居、限制出境、限制出海、搜索、扣押或扣押物發還、變價、擔保金、身體檢查、通訊監察、因鑑定將被告送入醫院或其他處所之裁定及依第一百零五條第三項、第四項所為之禁止或扣押之裁定。三、對於限制辯護人與被告接見或互通書信之裁定。」

[28] 刑事訴訟法第3條規定：「本法稱當事人者，謂檢察官、自訴人及被告。」

[29] 參黃國昌，同註23，頁65-66；黃國昌（2008），同註26，頁197-198。

(二) 倘秘密保持命令已侵害被告防禦權行使即非僅屬關於訴訟程序之裁定

如前所述，倘秘密保持命令已侵害被告之卷證資訊獲知權，而妨礙被告訴訟防禦權之行使，實務上有認為係屬實體審判有關之核心事項，難認僅屬關於訴訟程序之裁定[30]。

(三) 倘秘密保持命令裁定已侵害被告訴訟防禦權之行使，應無準用智財案件審理法第13條第4項規定之餘地，應准許被告依刑事訴訟法第403條第1項規定提起抗告救濟

1. 民事訴訟與刑事訴訟案件性質迥異

有認為智財案件審理法第13條第4項規定為刑事訴訟法第403條第1項規定之特別規定。然智財案件審理法第13條第4項規定可否準用於刑事案件，容有疑義。蓋就法律解釋而言，所謂「準用」係指，就某事項所定之法規，於性質相同或不相牴觸之範圍內，於其他事項適用該規定。然民事訴訟與刑事訴訟案件性質迥異，有別於民事訴訟程序，刑事訴訟目的為實現國家刑罰權，首重真實發現及人權保障，因此，刑事訴訟程序採改良式當事人進行主義，且為落實憲法正當法律程序原則，刑事訴訟法所建構之刑事審判制度，係採取證據裁判原則與嚴格證明法則（即必須具證據能力之證據，經合法調查，使法院形成該等證據已足證明被告犯罪之確信心證，始能判決被告有罪）[31]。另就當事人方面，刑事訴訟程序特重被告之程序主體性，不僅被告原則上有在場義務，無從由辯護人代行訴訟程序，並應使被告在對審制度下，依當事人對等原則，享有充分之防禦權，包括被告之卷證資訊獲知權[32]以及對質詰問證人之權利[33]，法院對被告亦負有告知義務及對被告有利不利事項均予注意之客觀義務。觀察釋憲實務，對於卷證資訊獲知權之討論，亦僅在刑事案件，被告之卷證資訊獲知權，於刑事案件之重要性，顯而易見。

2. 智財案件審理法第13條第4項立法理由輕重失衡

為促進國家科技與經濟發展，營業秘密固有保護必要，惟保護之方式

---

[30] 參智慧財產法院107年度刑智抗字第21號、第22號、106年度刑智抗字第18號刑事裁定。
[31] 參閱司法院釋字第582號、第789號解釋理由書。
[32] 同註9。
[33] 同註31。

仍必須合乎憲法秩序。智財案件審理法第13條第4項之立法理由，僅以避免營業秘密外洩，作為限制抗告權之理由，是否合於憲法第16條訴訟權保障意旨，實有討論空間。蓋司法院釋字第482號解釋理由書已闡明人民於其權利受侵害時，依法享有向法院提起適時審判之請求權，而刑事被告應享有充分之防禦權，亦迭經司法院釋字第789號、第762號、第654號、第582號等解釋在案。準此，賦予刑事被告抗告權，以救濟被告之訴訟防禦權因不當之秘密保持命令裁定受有侵害，並藉此確保公平審判、避免冤罪之利益，相較於立法理由所謂避免營業秘密外洩之利益，顯然更為重要。是以避免營業秘密外洩作為限制刑事被告對於秘密保持命令之抗告權，實有違比例原則，應無從於刑事案件中比附援引。

3. 小結

據上，基於刑事案件中應對被告訴訟防禦權給予較民事事件更高之程序保障之根本性差異，倘刑事案件被告因未受核發秘密保持命令結果，無法獲知不利於己之與營業秘密相關之卷證資料內容，致其訴訟防禦權受有侵害，應有別於民事訴訟，賦予被告對該秘密保持命令表示不服之機會及權利，而無準用智財案件審理法第13條第4項規定之餘地。

(四) 結論

藉由上述討論，應可以得出，鑑於在刑事案件，倘被告未受秘密保持命令，將可能嚴重侵害被告之訴訟防禦權，因此被告係秘密保持命令之實質當事人，且此涉及被告訴訟防禦權之行使，故該秘密保持命令非僅屬程序事項，而涉及實體審判核心事項，應予被告救濟之機會與權利，惟現行智財案件審理法對刑事被告之訴訟權保障仍有不周，因此，解釋上應得適用刑事訴訟法第403條第1項之規定，賦予被告得提起抗告救濟之機會及權利，以求與憲法第16條保障訴訟權之意旨相符。

三、如營業秘密持有人放棄對被告核發秘密保持命令，法院應准許被告閱覽營業秘密相關卷宗

倘採取法院無權自行擴張秘密保持命令主觀範圍之見解，於營業秘密持有人聲請核發秘密保持命令，刻意排除被告為核發對象之情形，一旦被

告依法請求閱覽包含營業秘密在內之卷宗，法院應可依智財案件審理法第
15條第1項、第2項規定，通知營業秘密持有人於受通知日起十四天內聲
請對請求閱卷之被告核發秘密保持命令，如逾期不聲請，應解為係欲濫用
秘密保持命令制度實質侵害刑事被告防禦權，考量秘密保持命令制度目的
係在被告享有卷證資料獲知權之前提下，專為兼顧保障營業秘密持有人得
避免其營業秘密因訴訟而對外洩漏之權益所由設，此時，應認為營業秘密
持有人已不認為有因閱卷導致營業秘密外洩之疑慮，或已同意放棄利用秘
密保持命令制度防止被告行使閱覽營業秘密卷宗，此時，法院應回歸保障
被告訴訟權之基本原則，准許被告閱覽包含營業秘密在內之全部卷證資料。

伍、結語

　　秘密保持命令於實務上引發之爭議不少，其中尤以刑事被告之卷證資
訊獲知權，於營業秘密案件，究竟應如何保障，最具憲法上之意義，現行
法關於秘密保持命令規定自2007年制定至今未曾修正，實務運作上卻已
產生不少疑義，尤其營業秘密法嗣於2013年修正時已增訂侵害營業秘密
之刑事處罰規定，是否仍有藉秘密保持命令制度（含違反命令之刑事處罰
規定）防止因訴訟需要獲知營業秘密之人濫用營業秘密之必要，恐有重新
檢討必要。此外，秘密保持命令制度與刑事被告卷證資訊獲知權之交錯適
用關係，經過多年實務運作，也確實出現若干適用疑義。因此，本文藉由
對於釋憲實務之觀察，整理憲法上對於刑事被告卷證資訊獲知權保障之基
本要求，提出淺見認為秘密保持命令之主觀範圍應包括刑事被告，且法院
審理核發秘密保持命令時，應不受聲請人聲請主觀範圍之拘束，得依職權
擴張核發對象至為進行訴訟活動而有必要接觸營業秘密之人，尤其是經常
遭聲請人排除於秘密保持命令核發對象之刑事被告，倘刑事被告未受核發
秘密保持命令，致其訴訟防禦權受有侵害，應有適時提起救濟之機會及權
利，或應回歸適用准許被告閱覽卷證之基本原則。另因每個具體個案情形
不同，建議於面臨營業秘密相關爭議或訴訟時，仍先諮詢律師等專業人員
為宜。

勞動事件的爭議處理

黃蓮瑛、張祐寧

壹、前言

近年來勞工意識抬頭，勞資爭議越趨頻繁，參照臺北市勞動局公布的2019年度統計年報，臺北市勞動局於2019年度單一年度裡所收受的勞資爭議調解案件即高達4,859件。其中，分別以「工資爭議（含積欠工資及加班費）2,395件」、「給付資遣費爭議978件」、「契約爭議（含契約性質爭議及恢復僱傭關係爭議）528件」、「給付退休金爭議259件」、「職業災害補償爭議144件」及「勞工保險給付爭議125件」等爭議，占了最大宗。另根據司法院的統計資料，我國一審及二審每年合計的勞動訴訟案件約在9,000件左右。

由以上數字可知，勞動事件有關的爭議已是現今社會常見的爭議。此類爭議通常會依循什麼程序及如何有效處理，勞資雙方不可不知。本文將對由勞動主管機關主導的勞資爭議調解，以及由法院主導的勞動調解程序及勞動訴訟程序，分別加以介紹。

貳、勞動主管機關所主導的勞資爭議調解

這裡所稱的勞資爭議調解（下稱「調解」）是指勞資雙方間發生爭執時，向勞動主管機關申請由公正第三人從中調停的法律程序，目的在於即時有效地解決勞資雙方間的糾紛，避免爭議進入曠日廢時的法院訴訟程序。

一、調解應向直轄市政府或縣市政府之勞工（動）局提出申請

調解程序是由申請人向直轄市政府或縣市政府的勞工（動）局（以下

統稱為「勞工局」）提出調解申請書，並由申請人選擇由獨任調解人或調解委員會進行調解的程序。

調解人或調解委員，大多是由具有勞動法令相關背景的律師或教授擔任。獨任調解人通常由勞工局指派，或由勞工局委任的民間調解機構（如：社團法人中華民國勞資關係協進會及社團法人勞資關係服務協會等）加以指派；而調解委員會則是由3位或5位調解委員組成，與獨任調解人相比較為慎重，但調解程序也相對繁雜且耗時。

因此，若僅為個人的工資、給付資遣費及休假等爭議，建議可選擇由獨任調解人處理較為迅速；若為性質較複雜的團體契約爭議、集體職業災害補償爭議或涉及工會與雇主間的勞動爭議，才建議選擇由調解委員會進行調解。

二、收受勞資爭議調解通知後，宜先擬定調解策略及方向

勞工局於寄發調解通知時，會一併附上申請人的調解申請書，內含申請人所主張之爭議要點（包括爭議發生之事實及經過等），因此相對人可透過申請人對事實經過之描述，大致瞭解申請人之主張，並準備相應的回覆。

要提醒讀者注意的是，收受調解通知而無正當理由未出席調解會議者，會被處以新臺幣2,000元至10,000元的罰鍰，故建議如有行程衝突的情形，應儘快於事前向承辦人員（可參調解通知上的聯絡資訊）提出，以利調解單位與調解人及他方協調改期事宜，無故不到並非好的因應策略。

於調解期日前，建議調解相對人即應先擬定調解策略及方向。若經相對人內部評估，或借重外部顧問分析後，認為如未來進入訴訟敗訴的可能性很高時，建議研擬對方較可能接受的和解方案，盡力促成調解成立；反之，若認為敗訴的風險較低，且對方的主張明顯不合理，即未必一定要與對方成立和解。

但應同時考量的是，若勞資爭議衍生為訴訟，除會耗費更多勞力、時間及費用外，也可能造成公司人資部門負擔大幅加重，因此仍建議如調解時有與他方達成共識的機會，仍宜釋出最大善意進行協商，及早停損。

三、若提出書面文件，應審慎爲之

於進行調解時，調解人多會請申請人先闡述其主張，並讓相對人提出答覆。因調解並非正式的訴訟程序，調解人對於證據的要求相對比較寬鬆，較少會強制當事人提出證據。但若雙方有意願者，仍得提出書面文件供調解委員參考，以加強說服力。此處應注意的是，如果會讓他方檢視或留存特定文件，應注意文件是否對提出方完全有利，因爲他方或勞工局一旦握有相關文件，這些文件可能被作爲未來於訴訟程序的證據使用，且於訴訟程序中法院亦有權審酌調解程序中所調查之事實及證據資料等，不得不審慎爲之。

如調解雙方無法於第一次調解期日達成共識，可向調解人表達有續行調解的意願，以進行第二次調解，但如果調解人認爲雙方無達成合意的可能性者，可能直接爲調解不成立的結論。

調解不成立者，並不代表雙方不得再就相同事項進行協商，如任一方認爲仍有協商的可能，仍可再與對方私下進行協商談判，或再次提起調解。一旦雙方達成共識而調解成立者，則視爲雙方就爭議事項已成立民事契約，應共同遵循。

參、法院所主導的勞動調解程序及訴訟程序

如勞資爭議雙方於前述勞資爭議調解無法達成共識，進一步解決問題的方式之一，是向我國法院提起訴訟。

我國的勞動事件法已於2020年1月1日起正式施行，依勞動事件法規定，凡屬於勞動事件[1]，除有法定的例外情形（如：曾經前述勞資爭議調解但未成立者）外，均應於起訴前先進行勞動調解程序，如直接提起訴訟者，將直接視爲勞動調解的聲請。另勞動事件法有強調專業的審理、強化

---

[1] 勞動事件法第2條：「本法所稱勞動事件，係指下列事件：一、基於勞工法令、團體協約、工作規則、勞資會議決議、勞動契約、勞動習慣及其他勞動關係所生民事上權利義務之爭議。二、建教生與建教合作機構基於高級中等學校建教合作實施及建教生權益保障法、建教訓練契約及其他建教合作關係所生民事上權利義務之爭議。三、因性別工作平等之違反、就業歧視、職業災害、工會活動與爭議行爲、競業禁止及其他因勞動關係所生之侵權行爲爭議。與前項事件相牽連之民事事件，得與其合併起訴，或於其訴訟繫屬中爲追加或提起反訴。」

當事人自主及迅速解決爭議、減少勞工訴訟障礙、促進審判程序與實效及即時有效的權利保全等特色，以下是簡要的說明。

一、勞動調解程序

　　勞動調解程序的性質與前面介紹的勞資爭議調解大致上相同，也是由公正第三人協助勞資雙方就爭議達成共識的程序，但其有以下特色：

(一) 勞工可以選擇勞務提供地的法院作為管轄法院

　　於傳統民事訴訟中，就法院案件的管轄，需遵守「以原就被」原則（即提起訴訟的原告須向被告的住所地或營業所所在地法院為之）。但勞動事件法為降低勞工提起訴訟的障礙，特別突破「以原就被」原則，使勞工除了雇主營業所所在地的法院外，如果比較便利，也可以選擇向自己勞務提供地的法院聲請調解或提起訴訟；縱使勞動調解或訴訟是由雇主提起者，勞工也可以在第一次調解期日或本案言詞辯論前，聲請移送到其他有管轄權的、對勞方比較方便的法院。這個突破對雇主而言，勢必產生一定程度的不便利。

(二) 由1名法官與2名勞動調解委員共同組成勞動調解委員會進行調解

　　勞動調解與前述勞資爭議調解最大的差異是：勞動調解是由1名法官與2位勞動調解委員組成勞動調解委員會，並由法官主導；若調解不成立，調解聲請人於收受調解不成立之通知後的十日內，未向法院表示不欲續行訴訟程序者，將自動進入訴訟程序，並由「同一位法官」續行審理，以加速程序的進行。

(三) 當事人就其主張應提出證據，法官會適時闡明心證

　　於第一次勞動調解期日時，法官會請雙方先說明事實及主張。因勞動調解程序固定有三位調解委員，且是由法官主導程序，故氣氛及程序已相對較嚴謹，對證據的要求程度亦較前述的勞資爭議調解為高，雖尚未達訴訟程序的標準，但法官可能會要求雙方提出相關依據。

　　另應注意，若雙方於勞動調解程序調解不成立而續行訴訟者，將由同一位法官繼續審理，故當事人除應注意其言行及態度外，更應注意凡於調

解程序中主張的事實及證據，於後續訴訟中法院均有權審酌，並可能作為判決的基礎，故主張時應審慎。

　　此外，為使雙方願各退一步，法官可能針對雙方之主張及證據之有理與否予以闡明，即大略以現有的證據資料分析雙方的優勢及弱勢，故於勞動調解程序中，宜隨時留意法官的心證，作為是否進行後續訴訟及訴訟時的參考。

二、勞動訴訟程序

　　如雙方當事人於勞動調解程序仍無法達成合意，且聲請人未於收受調解不成立的通知起的十日內，向法院表示反對續行訴訟的意思，該勞資爭議案件就會自動進入勞動訴訟程序。

(一) 第一審原則上應於六個月內審結，建議勞資雙方都儘早提出書狀

　　勞動事件法施行後，目前各級法院均須設立勞動專業法庭，並選任具勞動法相關學識經驗的法官負責審理。於開庭前，法院會寄送開庭通知告知當事人開庭時間，而相較於前述兩種調解程序，訴訟程序的規定更為繁瑣，但仍有時程上之限制，除因案情複雜或審理上之必要者外，第一審程序原則上應於六個月內審結，且法院應以一次庭期即辯論終結為原則。

　　實務上有法院會先進行準備程序，以爭取時間，但礙於時程緊湊，建議兩造如有證據欲聲請調查，或有任何主張、答辯或證據欲提出予法院者，均建議應於第一次開庭期日的一週前，將書狀遞交法院，以利法官事先閱讀雙方的主張及答辯，並使兩造得於開庭時就該等事項充分辯論。

(二) 資方須知現行部分舉證責任已轉嫁由雇主負擔

　　鑑於過去勞工於訴訟中，常有因無法提出證據支持其主張而敗訴者，故勞動事件法更直接課予雇主就其依法應備置的文書（如：勞工出勤紀錄及工資清冊等），負有提出的義務，且雇主無正當理由不提出者，法院除有權裁處新臺幣3萬元以下之罰鍰外，並得認定該等證據（文書）應證的事實為真實，因此，雇主應特別注意。

　　此外，因立法者認為雇主不論就「勞工因勞務關係自雇主受領之給付是否屬於工資」及「勞工於出勤紀錄上記載之工作時間是否屬於雇主指揮

監督下提供之勞務」，有較強且完整之舉證能力，及對勞工的主張有較強之舉證能力提出反對之證據，故目前勞動事件法已將勞工本於勞動關係自雇主受領的給付先「推定」爲工資，並將出勤紀錄所載的時間先「推定」爲經雇主同意而執行職務的工作時間。換句話說，如雇主對前述推定有相反主張時，應負擔證明的責任，雇主應加以注意。

(三) 勞方得暫免部分訴訟費用或執行費用

爲使勞工提起訴訟的負擔減輕，勞動事件法明訂，勞工因「確認僱傭關係」、「給付工資」、「退休金或資遣費」等爭議提起訴訟或上訴者，可以暫免繳納三分之二裁判費。

前述暫免徵收的裁判費，第一審法院將於該勞資爭議訴訟確定後，向最終應負擔訴訟費用的一方收取。此外，如勞工欲依其取得的勝訴判決聲請對他方強制執行時，其執行標的金額超過新臺幣20萬元的部分暫免收取執行費，於執行後，再由執行所得扣還。

(四) 特定情形下得聲請保全程序

勞動事件法斟酌勞動關係之特性，將勞工於特定情形下得聲請定暫時狀態處分的要件更加具體化，使勞工更容易成功聲請到前述處分。

目前勞動事件法明訂的態樣包括：1.於勞工請求工資、退休金、資遣費或職業災害補（賠）償的案件，如進行訴訟造成勞工生計上的重大困難者，法院應闡明勞工可請求法院「命雇主先爲一定給付」的定暫時狀態處分；2.於確認僱傭關係存在的案件，若法院認勞工有勝訴之機會，且雇主繼續僱用勞工並未明顯有重大困難者，得依勞工的聲請，爲命雇主應「繼續僱用及給付工資」的定暫時狀態處分；及3.於確認調動無效或回復原職的案件，如果法院認爲雇主調動勞工的工作，有違法的可能，且雇主依調動前原工作繼續僱用勞工沒有明顯重大的困難者，得經勞工的聲請，爲命雇主應「依原工作或兩造所同意工作內容繼續僱用」的定暫時狀態處分等。

訴訟程序終結後，法官將對於勞資雙方的爭議作成判決，若任一方當事人有不服者，均應於收受判決書之翌日起算二十日內提起上訴。一般而言，法院的訴訟程序較爲複雜，公司人資甚或法務不一定熟稔，如有必

要，建議公司可委請具有勞動法專業的律師，適時加以協助。

肆、結論與建議

　　目前實務上，無論爲勞動主管機關或各級法院，都是以「保障勞工權益」爲重要考量，此其一。不論爲勞資爭議調解，或進入法院後的勞動調解及訴訟程序，均需耗費公司大量的人力、時間及費用，此其二。因此，建議資方應及早就公司內部的法律遵循做完整規劃，定期檢視是否做到，有疑慮時應儘早諮詢專業律師的意見。否則勞資糾紛一旦產生，事後的亡羊補牢，不僅所費不貲，也影響整體工作士氣，此一風險公司實應盡力降低及避免。

人民憲法基本權的守護與救濟
——簡介裁判憲法訴願新制

谷湘儀、曾至楷

壹、前言

　　憲法是國家的根本大法，具有保障人民基本權利功能的最高效力，所有國家權力的行使，皆不應違背憲法規定，更應致力於保障人民在憲法上的基本權利。日常生活所面臨的爭議，有可能法規範於個案適用不足以保障憲法上基本權利，或私人間權利主張相互衝突，涉及憲法基本權利保障與權利內涵的充實，並有尋求司法救濟的需求，試舉例如下：

一、某網路新媒體提出相關資料對公共事務提出反對意見，遭指「散布謠言」而遭調查、裁罰，經法院判決確定，可否主張「言論自由」、「新聞自由」遭侵害？有無救濟管道？

二、某甲基於食安理由號召大眾牴制購買、退訂特定廠商商品，遭廠商以「營業利益、財產權」受侵害請求賠償，經法院判賠、強制登報道歉確定，某甲可否主張「言論自由」未獲保障？有無救濟管道？

三、某乙不願住家鄰近設置發電風機、手機基地台，號召群眾抗議，並以「長期之居住環境品質及健康權」受損為由訴請發電風機業者、電信公司賠償、遷移，經法院駁回請求確定，某乙可否主張「居住安寧權」、「健康權」等憲法非明文列舉權利未獲保障，進一步尋求救濟？

　　上述案例無論是人民以基本權利作為防禦權對抗國家，或私人與私人間憲法上基本權利相互衝突的情形，人民用盡通常訴訟程序如仍認為基本權利遭侵害或未獲保障，依現行法只能聲請司法院大法官審查「法律或命令」是否違憲，至於法院對於各別基本權利內涵的詮釋、數個基本權利的比較衡量的法律見解，則無從救濟。但個案上法院可能以法令具有維護公益之重大目的，或人民僅係經濟性權利遭受限制（例如營業自由受限

制），因而認爲法令合憲並適用現行法令作成判決，恐難透過「法規範憲法審查」，對於個案中所生違反憲法價值或基本權利、利益權衡輕重失衡之情形加以救濟，即無法主張個案「判決」法律見解已侵害憲法基本權利。

立法院於西元（下同）2019年1月4日將原「司法院大法官審理案件法」修正通過，名稱改爲「憲法訴訟法」，並將原法規35條大幅擴充爲95條，其中增加「憲法訴願」制度爲最大變革，新法定於公布後三年（2022年1月4日起）施行。「裁判憲法訴願（裁判憲法審查）」制度是提供人民受不利確定終局判決時，得針對判決法律見解有無違憲聲請大法官審查救濟。新制上路在即，究竟何種案件屬於確定終局判決侵害基本權利？何種案件較可能被受理？程序上有何應注意之處？均有深入探討必要。

貳、關於個案裁判救濟途徑之規範與發展

司法權的核心事項在於就個案（包含不同政府機關、政府與人民，及人民與人民彼此間）適用法律之爭議／爭訟進行裁決，藉以維護客觀法律、憲政秩序及保障人民權利[1]。我國憲法明定由司法院掌理「審判」、「解釋憲法」等事項，但基於憲法的最高性、抽象性等特質，並未明文指示司法院如何掌理「審判」事務，也未明文規範司法院掌理「憲法解釋」的範圍[2]，關於司法院掌理上述事項之範圍及行使權限方式，則保留日後透過立法及司法實務發展充實其內涵[3]。

從比較憲法的角度觀察，各國所採取的制度概可區分爲「抽象、集中式審查」（集中由單一憲法法院審查抽象法規），例如德國、法國、奧地利制度；或「具體、分散式審查」（分散由各層級法院在具體個案審判中附帶審查），例如美國制度[4]，可知違憲審查制度的內涵應係不同國家因應本

1　參司法院釋字第392號解釋理由書第5、6段。
2　參中華民國憲法第77條、第78條、第171條及第173條規定。
3　參蘇永欽（1998），〈肆、司法院重新定位──從司法院定位問題涉及的三個面向評估四個定位方案〉，《司法改革的再改革》，頁213-214。
4　參許志雄、陳銘祥、蔡茂寅、周志宏、蔡宗珍（2002），《現代憲法論》，3版，頁334；楊子慧（2019），〈司法權護憲之制度性分工（上）〉，《國立中正大學法學集刊》，66期，頁7；湯德宗、吳信華、陳淳文

身歷史、文化、政治體制或社會變遷等國情，而選擇不同制度並自不同面向充實釋憲制度的內涵，並無絕對優劣之分，學者即因此指出，不同違憲審查制度的選擇，主要是為確保憲法優先性、最高性的客觀憲政秩序，從理論上而言，是否允許針對具體個案審查所涉及的憲法爭議、是否允許人民主動聲請解釋憲法，與實現人權保障似無絕對、必然關聯性[5]。因此，司法制度、訴訟救濟及違憲審查制度的內涵與制度建立，實寓有如何實現憲政秩序、人權保障的價值選擇。

　　我國釋憲實務發展，初期未直接針對政府與人民、或人民與人民彼此間法律爭議／爭訟（即民、刑事、行政或公務員懲戒）作成解釋[6]，人民於爭訟個案中，縱認為法院裁判適用法律有違憲疑義，仍只能向上級法院提起上訴加以救濟，倘用盡三級三審救濟途徑，別無其他救濟管道。其後司法院陸續作成解釋，賦予人民對於爭訟個案適用之「法令」有違憲疑義時，透過聲請大法官釋憲宣告「法令」違憲後，得開啟再審、非常上訴以救濟個案[7]，各級法院法官得暫停訴訟程序就審理個案適用「法令」牴觸憲法之疑義聲請解釋，無待案件終局判決確定後，才由人民聲請釋憲[8]。此外，大法官也逐步放寬人民得聲請解釋「法令」的範圍，增加大法官審查個案適用法令之見解是否違憲的機會[9]，使大法官可藉由解釋法令間接對「個案判決法律見解」為合憲性審查。惟立法具體形成、釋憲實務發展，仍將解釋憲法的客體侷限在「法令」本身有違憲疑義情形，至於法令漏未規範、適用上有欠缺或法院誤認基本權利重要意義所導致法院「判決」違憲之情形，仍欠缺救濟途徑。

　　司法院大法官於1989年6月23日作成釋字第242號解釋則為罕見例外，該號解釋宣示民法第992條訴請撤銷重婚的規定，對於「國家遭遇重

　　（2005），〈論違憲審查制度的改進 —— 由「多元多軌」到「一元單軌」的改制方案〉，收於：湯德宗主編，《憲法解釋之理論與實務》，第四輯，頁533-556；吳庚、陳淳文（2015），《憲法理論與政府體制》，增訂三版，頁669以下。

[5]　參蘇永欽（2007），〈裁判憲法訴願？ —— 德國和台灣違憲審查制度的選擇〉，《法令月刊》，58卷3期，頁6；楊子慧（2020），〈裁判憲法審查初探〉，《政大法學評論》，160期，頁192-193。

[6]　參41年10月27日釋字第9號解釋：「裁判如有違憲情形，在訴訟程序進行中，當事人自得於理由內指摘之。」

[7]　例如：釋字第177號、第185號、第188號等解釋。

[8]　例如：釋字第371號、第572號、第590號等解釋。

[9]　例如：釋字第153號、第154號、第374號、第582號等解釋。

大變故，在夫妻隔離，相聚無期之情況下所發生之重婚事件」漏未規範、適用上有欠缺，致法院依法作成撤銷重婚之裁判違反憲法保障之基本權利[10]。釋字第242號解釋雖以民法第992條作爲釋憲客體，實質上係以「合憲性解釋」方法對於法院「判決」適用法律的見解作成違憲解釋。然自行憲迄今，僅有釋字第242號解釋是針對「判決」法律見解作成解釋，突顯我國就具體個案之違憲審查制度仍有不足[11]。

自釋字第242號解釋後近三十年間，我國並未仿傚德國制度採行由大法官審查個案「判決」法律見解的「憲法訴願」（die Verfassungsbeschwerde）制度[12][13]，實務及學界間有極大爭論[14]，司法院提出修法草案版本也多所拉鋸，直至完成「憲法訴訟法」修正，方使制度爭論暫告一段落。

---

[10] 釋字第242號解釋理由書謂民法第992條規定配偶得訴請撤銷重婚之後婚姻本身雖不違憲，但該規定對於「國家遭遇重大變故，在夫妻隔離，相聚無期之情況下所發生之重婚事件」未爲規範，於個案適用結果與憲法第22條保障人民自由及權利之規定有所牴觸，而允許聲請人依釋字第242號解釋聲請再審。

[11] 依當時司法院大法官會議法第4條規定之要件，大法官僅能針對個案適用之法律或命令作成解釋，是否額外「反射」到個案法律見解，仍有賴大法官之裁量，觀察歷來大法官解釋，即便是個案法官停止訴訟程序聲請解釋的案件，大法官也不會輕易對個案「判決」法律見解、法律適用適當與否、是否違憲表態。

[12] 最經典、有名的憲法訴願案例，即西德聯邦憲法法院於1958年1月15日作成的Lüth-Urteil（呂特事件判決，BVerfGE 7, 198-230）。
實事背景：
Erich Lüth（呂特）在1950年間擔任德國漢堡市新聞處主席，對於1950年間前納粹首席劇本家兼導演Veit Harlan有意推出新電影謀求復出的行爲，因Harlan在納粹時期執導影片促成對猶太人之大屠殺，故公開呼籲群眾、電影製片商、電影院等聯合抵制該電影發行、上映並拒看電影。
地方法院判決：
Harlan提起爭訟，漢堡邦地方法院判決Lüth之抵制行爲構成德國民法第826條故意以背於善良風俗之方法，加損害於他人之侵權行爲。
憲法法院判決：
Lüth向憲法法院提起憲法訴願，憲法法院認爲Lüth之抵制言論受德國基本法言論自由所保障，基本法對言論自由的保障不僅包含人民對抗國家的防禦權，且基本權利尚透過「放射作用」而在私法領域具體化實現，民事案件法官對於基本權利放射於民法之效力判斷錯誤，其裁判即會侵害人民基本權利，經權衡後，本件Lüth公開呼籲抵制的言論應受到基本法保障，而未違反善良風俗，漢堡地方法院之判決侵害Lüth的言論自由與抵制言論背後的思想作用，因此，憲法法院撤銷漢堡地方法院判決，將案件發回漢堡地方法院重新審理；參黃啟禎譯（2020），〈關於「呂特事件」之判決〉，收於：司法院編，《西德聯邦憲法法院裁判選輯(一)》，頁94-119；楊子慧，同註5，頁151-155。

[13] 德國聯邦憲法法院法第90條第1項所規定的「die Verfassungsbeschwerde」，國內公法學界自早年起多譯爲「憲法訴願」，雖學者認爲一般認識的訴願制度是行政機關內部的行政自我控制機制，以訴願稱之恐有不精確之處，惟國內在討論時大多以「憲法訴願」、「裁判憲法訴願」稱之，一般均多能理解尚不致有所誤會。憲法訴訟法以「裁判憲法審查」稱之，可以兼顧一般理解及其內涵，本文依討論脈絡兼使用「裁判憲法訴願」、「裁判憲法審查」。

[14] 反對見解包括認爲現行制度透過上述「合憲性解釋」方法及放寬人民聲請解釋「法令」範圍，已能回應救濟個案中法律適用違憲的需求，更重要的是借鏡德國法採行「憲法訴願」制度的爭議紛擾，不引進「憲法訴願」制度方能避免司法院成爲「超級第四審」、「超級再審」、「太上法院」，致司法院之權限功能與最高法院相互衝突、重疊之制度疑慮，並避免造成聲請案件量直線暴增而損及大法官審查效率之困境。

　　然而，反對引進「裁判憲法訴願」制度的顧慮難以因修法而消除，憲法訴訟法僅以1條條文規定聲請要件[15]，未來如何避免司法院成爲「超級第四審」、「超級再審」仍爲新制上路後的重要目標，且我國大法官歷來作成解釋關於解釋「法令」範圍等見解仍影響未來受理案件標準、解釋範圍，實務及學界均認爲憲法訴訟法正式施行後，大法官受理裁判憲法訴願之要件及受理案件範圍仍爲最重要、最具指標意義者。因此，哪些案件較可能被受理？何種態樣的基本權（憲法原則）侵害較可能被受理、達成救濟的目的？等等議題，均有待觀察及探討。

參、裁判憲法訴願新制簡介

一、裁判憲法審查（裁判憲法訴願）制度概述

　　在現行司法院大法官審理案件法第5條第1項第2款規定下，大法官只針對確定終局裁判所適用法令進行抽象法規範審查，僅能抽象闡述法律的內涵爲何、是不是符合憲法的意旨，而不能將這些闡述直接應用在個案中的具體事實。亦即，現行大法官職司的憲法審查並無法處理各法院裁判在解釋法律及適用法律時，誤認或忽略了基本權利重要意義，或是違反通常情況下所理解的憲法價值等等司法權行使有違憲疑慮的情形[16]。

　　憲法訴訟法引進「裁判憲法審查（裁判憲法訴願）」制度：「人民就其依法定程序用盡審級救濟之案件，對於受不利確定終局裁判所適用之法規範或該裁判，認有牴觸憲法者，得聲請憲法法庭爲宣告違憲之判決。」（憲法訴訟法第59條第1項[17]），使司法院大法官可針對普通法院確定終局所適用「法令」或「判決」的法律見解進行違憲審查，避免確定終局所適

---

[15] 憲法訴訟法第59條第1項：「人民就其依法定程序用盡審級救濟之案件，對於受不利確定終局裁判所適用之法規範或該裁判，認有牴觸憲法者，得聲請憲法法庭爲宣告違憲之判決。」第2項：「前項聲請，應於不利確定終局裁判送達後六個月之不變期間內爲之。」

[16] 同前註。

[17] 憲法訴訟法第83條第1項另規定，地方自治團體因「自治法規經監督機關函告無效或函告不予核定」、「其立法機關議決之自治事項，經監督機關函告無效」、「其行政機關辦理之自治事項，經監督機關撤銷、變更、廢止或停止其執行」等情形，於用盡審級救濟而受之不利確定終局裁判，認爲損害其受憲法所保障之地方自治權者，亦得聲請裁判憲法審查。此種情形仍要求必須用盡審級救濟後，就確定終局裁判聲請裁判憲法審查，與第59條第1項所設之裁判憲法審查制度並無不同，僅程序主體爲「地方自治團體」而已。

用「法令」爲合憲，但「判決」在解釋適用法律時，誤認或忽略基本權利重要意義，或違反憲法價值致人民基本權利遭受侵害，以更周全保障人民基本權利。

二、聲請期間：應於裁判送達後六個月內提起

憲法訴訟法第59條第2項規定關於法規範、裁判憲法審查應於不利確定終局裁判送達後六個月之不變期間內爲之。立法理由係因考量原因案件當事人非僅聲請人一方，於民事訴訟事件及行政訴訟事件，有已受利益確定終局裁判之他造當事人，於刑事訴訟案件，亦尙有公訴人及自訴人等，受不利確定終局裁判之當事人是否提出憲法審查聲請，亦即該確定終局裁判將來是否有遭憲法法庭廢棄之可能性，允宜儘早確定。並考量人民基本權利之保障及賦予其合理的撰寫聲請書之時間，規定當事人聲請法規範、裁判憲法審查的聲請期間，應於裁判送達後六個月之不變期間內提起。

司法院大法官審理案件法未將聲請期間限制明文規定，憲法訴訟法第59條第2項明文規定聲請期間，應係基於維護法安定性，以及違憲審查的最後性、補充性等特性，避免憲法法庭動輒介入已經終局判決確定的個案中，事後變更當事人間的法律關係。

由於聲請法規範、裁判憲法審查應附具具體理由，具體說明法規範或裁判違憲情形、所涉憲法條文或憲法上權利，並應說明聲請所涉及的權利爲何具有憲法重要性，或爲貫徹聲請人基本權利所必要者（參憲法訴訟法第60條第5款、第61條第1項規定），確需相當時間準備聲請理由。相較於德國聯邦憲法法院法第93條第1項規定「憲法訴願應於一個月內提起並附具理由」之規定，我國憲法訴訟法放寬聲請期間爲六個月，較德國法稍微寬鬆。

三、受「不利終局確定判決」之當事人得提出聲請

憲法訴訟法第59條第1項規定，經依法定程序用盡審級救濟之案件，對於受不利確定終局裁判所適用之法規範或該裁判，認有牴觸憲法者，得聲請法規範、裁判憲法審查。故聲請的前提，必須當事人已依法用盡審級

救濟程序，包含用盡審級程序經最高法院、最高行政法院、懲戒法院等終審法院作成之確定終局判決、裁定，或經下級審法院判決依法不得上訴至第三審法院之判決、裁定[18]，或經下級審法院駁回救濟之終局確定裁定[19]等，均屬於得聲請裁判憲法審查之確定終局判決。

　　憲法訴訟法規定聲請法規範、裁判憲法審查之當事人，為受不利確定終局判決之一造當事人，此外，第59條第1項係以受「不利益判決」的要件，就刑事案件而言，除受有罪判決之被告外，尚可包含經確定終局判決命沒收犯罪所得之被告及利害關係人等，故新法施行後，應許受確定終局判決命沒收之被告及利害關係人聲請法規範或裁判憲法審查。

四、審查標的：確定終局判決所適用（實質援用）之法規範或該裁判之法律見解

　　依憲法訴訟法第59條第1項規定，憲法審查之標的，包括確定終局裁判所適用之「法規範」或「裁判」本身，如前說明，我國大法官歷來解釋發展出實質援用理論，逐次擴張「法律及命令」的範圍[20]，應可預期憲法訴訟法施行後，大法官仍可能延用實質援用理論決定確定終局判決所適用法令、所採法律見解的範圍。

　　析言之，所謂「法律及命令」之範圍，不僅包含判例、決議，尚還及於法院在個案判決中**實質適用、但未記載所適用名稱、條次、案號或文號之法令**，例如釋字第582號、第771號解釋所據之原因案件雖未明確記載所適用判例之案號或法令之名稱、條次，大法官仍認為終局判決已實質援用而受理聲請，並針對所持法律見解作成解釋[21]。

---

[18] 例如刑事訴訟法第376條規定限制不得上訴第三審之竊盜、侵占、詐欺、背信、恐嚇、贓物及最重本刑為三年以下有期徒刑、拘役或專科罰金之罪：依釋字第752號解釋理由書第3段說明，此類案件無待上訴第三審以上訴不合法遭裁定駁回，得逕以第二審判決所適用之法令或該本判決之法律見解違憲疑義而聲請釋憲。此外，依民事訴訟法第436條之2、第436條之30、第466條，因訴訟所得利益未逾法定標準不得上訴至第三審法院之判決，亦屬之。

[19] 論者認為駁回告訴人聲請交付審判之法院確定裁定、駁回對強制處分救濟之終局法院裁定等，似亦屬於得聲請裁判憲法審查的確定終局判決，參中華民國台灣法曹協會主辦（2019），〈裁判憲法審查座談會紀錄〉，《月旦法學雜誌》，291期，頁183。

[20] 例如：釋字第445、737、747號解釋（「相關聯且必要」之法令）、釋字第535、576、580、703、709號解釋（「重要關聯」之法令）、釋字第569號解釋（「關聯密切之法令」）、釋字第756號解釋（「解釋性規定」）等。

[21] 參徐璧湖（2013），〈司法院大法官審理案件法第五條第一項第二款規定「所適用」之研析〉，《月旦法學

　　其次，上級審法院僅摘錄下級審判決理由維持原判、指摘下級審判決贅引特定法令、或以上訴不合法為由逕以裁定駁回上訴等情形，所謂確定終局判決所適用法令或不利之法律見解為何？

　　此部分應區分上級審判決理由以決之，其一，**上級審法院僅摘錄下級審判決理由而予以肯認之情形**，應以下級審法院原判決所適用法規及所採法律見解，作為聲請憲法審查時之審查標的；其二，**上級審法院指摘下級審法院「贅引」特定法規或特定法律見解**，但維持原判決時，遭上級審法院敘明贅引的法規或法律見解，即非確定終局判決所適用者，應不得作聲請憲法審查時之審查標的；其三，**上級審法院實質審理後指摘下級審法院判決法律見解**，**改以其他理由維持原判決**，則確定終局裁判所適用法規及法律見解應以上級審法院所適用者作為聲請憲法審查時之審查標的[22]。此涉及聲請時應具體說明「確定終局裁判所適用之法規範或該裁判違憲之情形」之要件（憲法訴訟法第60條），應予辨明。

五、新法施行（2022年7月4日）後，以確定終局判決實質適用的法令、法律見解議聲請憲法審查

　　法院組織法雖於2019年1月4日修正增定第57條之1規定，使最高法院歷來選編的判例回歸裁判本質，與一般最高法院之裁判效力相同，下級審法院之見解與過往判例見解牴觸，應不生判決違背法令之效果，但法院組織法第57條之1第3項定有三年過渡期間[23]，該法修正施行後三年內（即2022年7月4日，參法院組織法第115條規定），確定終局判決如有適用判例、決議，而受不利判決當事人認為有牴觸憲法疑義時，仍得針對該判例、決議向司法院大法官聲請法規範憲法審查。

　　至於2022年7月5日之後，確定終局判決如有**實質適用、但未記載所**

雜誌》，222期，頁135-144。

[22] 徐璧湖（2019），〈司法院大法官審理案件法第5條第1項第2款規定所適用之再研析〉，《月旦法學雜誌》，291期，頁79-80。

[23] 法院組織法第57條之1第1項規定：「最高法院於中華民國一百零七年十二月七日本法修正施行前依法選編之判例，若無裁判全文可資查考者，應停止適用。」第2項：「未經前項規定停止適用之判例，其效力與未經選編為判例之最高法院裁判相同。」第3項：「於中華民國一百零七年十二月七日本法修正之條文施行後三年內，人民於上開條文施行後所受確定終局裁判援用之判例、決議，發生牴觸憲法之疑義者，得準用司法院大法官審理案件法第五條第一項第二款之規定聲請解釋憲法。」

適用法令名稱、條次、案號或文號之情形，依前述大法官歷來解釋發展出的實質援用理論，仍可針對實質適用的法令聲請解釋；如確定終局判決係實質適用過往之判例，而有誤認或忽略基本權利重要意義或違反憲法價值之情形，亦可就確定終局判決（包含實質援用之判例、決議）的法律見解聲請裁判憲法審查，加以救濟。

六、受理標準：應具體說明所涉及重要憲法權利

憲法訴訟法修法前，反對者多主張引進裁判憲法訴願，恐引發司法院大法官與最高法院的職權功能重疊、審查範圍分工、審查界線劃分不清等爭議，致司法院成為「超級第四審」、「超級再審」之情形。憲法訴訟法第92條立法理由謂「引進裁判憲法審查制度……應妥適節制其案件數量，保護憲法法庭得以正常運作，不致癱瘓。」力圖避免裁判憲法審查上路後湧入大量案件，減損憲法法庭正常運作功能，故可預見未來受理標準應會趨嚴[24]，且在審查受理聲請案件與否時，應會嚴格要求聲請人具體說明聲請案件主張法令、該判決所採法律見解牴觸憲法有何憲法重要性，或為貫徹聲請人基本權利所必要之理由（憲法訴訟法第61條第1項）。

首先，聲請人應具體說明係**聲請憲法審查之標的，係確定終局判決所適用的「法令」，或判決理由所採的「法律見解」，並應具體指明有牴觸憲法疑義而遭受侵害的「憲法上基本權利」為何**。此處憲法上基本權利，包括牴觸成文及不成文的重要憲法基本權利、重要憲法原則，較明確者例如：憲法第7條至第18條明文列舉的基本權利、第22條、第23條透過實務推演出的基本權利等均屬之。較抽象者例如：依我國大法官釋憲實務逐漸發展、肯認的重要憲法原則，如法治國原則、權力分立原則等，此外，基於保障人民基本權利之目的，我國憲法法庭或外國憲法法院因學理、實務發展而廣為承認的不成文憲法上權利亦應屬之，例如隱私、墮胎、同性婚姻、交互詰問權、閱卷權、公平審判權（包含歐洲人權法院因此發展出的不自證己罪原則、採血權利、緘默權等基本權利）等。

24　參中華民國台灣法曹協會主辦，同註19，頁189-193。

　　其次，聲請人應具體說明確定終局判決所適用的「法令」或判決理由所採的「法律見解」有何誤認或忽略基本權利重要意義，或違反通常情況下所理解的憲法價值，且我國大法官已就相關憲法上基本權利作出為數不少的解釋，憲法訴訟法亦規定經憲法法庭駁回聲請後，相同案件應不受理進行法規範或裁判憲法審查，故聲請人須具體說明所主張法令、該判決所採法律見解牴觸憲法有何憲法重要性，或為貫徹聲請人基本權利所必要之理由，且應說明聲請內容不在大法官歷來解釋範圍，或普通法院忽略或誤解先前大法官解釋之內涵。

　　再者，為避免與最高法院權限功能重疊，可預見未來大法官很可能會參考德國聯邦憲法法院所採之赫克公式（die Hecksche Formel）[25]發展相關審查標準。簡言之，大法官未來審查普通法院的裁判，很可能只在普通法院就個案判決牴觸了某個特別憲法規範（例如基本權利重要意義或重要的憲法原則、憲法價值）時，才透過裁判憲法審查程序介入、廢棄個案確定終局判決；反之，普通法院就個案判決如係發生依據一般法律見解、法律適用之錯誤，尚不構成大法官受理案件、審查普通法院確定終局判決之標準。

　　上述受理案件標準仍待裁判憲法審查制度施行後進一步觀察，但參考德國在裁判憲法訴願制度運行逾五十年後，每年仍有約5、6千件以上聲請案件進入德國聯邦憲法法院，**其中有高達96%之案件在審查庭即會以不符要件等事由遭駁回，僅非常少數（約數百件以下）案件會進入實體審理之經驗**[26]，**可預期我國大法官在裁判憲法審查制度施行後，將會建立較嚴格之標準限縮受理案件數量。**

---

[25] 德國聯邦憲法法院因而發展出諸多公式、準則加以判斷聯邦憲法法院應否透過「憲法訴願」制度審查普通法院個案裁判之法律見解，耗費極大時間、人力，仍會產生功能重疊、審查界線不清的爭議。其中，最著名者即赫克公式（die Hecksche Formel），簡言之，即聯邦憲法法院審查普通法院的裁判，應只在後者就個案判決牴觸了某個特別憲法規範（spezifisches Verfassungsrecht）時，聯邦憲法法院始得透過裁判憲法審查程序介入、予以廢棄，依據一般法而作成之法院裁判在客觀上有錯誤，尚非構成特別憲法規範之侵害，參楊子慧，同註6，頁184-187；蘇永欽，同註5，頁14-15。

[26] 參楊子慧，同註6，頁151-155；中華民國台灣法曹協會主辦，同註19，頁189-193。

七、提出聲請宜委任訴訟代理人為妥

憲法訴訟法第25條規定[27]僅總統、副總統彈劾案件、政黨違憲解散案件必須經言詞辯論程序，其餘包括法規範、裁判憲法審查等聲請案件，僅在司法院大法官認為有必要時才舉行言詞辯論程序。憲法訴訟法第8條第1項規定[28]在言詞辯論期日原則上應委任律師為訴訟代理人。亦即，法規範、裁判憲法審查之聲請案件屬得不經言詞辯論之案件，原則上無需委任律師即可提出聲請，然仍應注意，司法院大法官如因聲請案件所涉事項重大、案件繁複等情形認有行言詞辯論必要，言詞辯論期日即應委任律師為訴訟代理人。

應再注意者，依前述說明，聲請憲法審查時，應具體說明係針對確定終局判決所適用的「法令」或該「判決」的法律見解聲請憲法審查，並應具體指明有牴觸憲法疑義的「憲法上基本權利」為何，以及有何憲法重要性，或為保障聲請人基本權利所必要之理由，並應說明聲請內容不在大法官歷來解釋範圍，或普通法院忽略或誤解先前大法官解釋之內涵等理由，對照德國聯邦憲法法院之經驗，高達96%之案件在審查庭即遭駁回，故所提出聲請書必須詳盡指明聲請具體理由，參考德國的經驗，宜委託律師為訴訟代理人較妥。

肆、未來可能聲請「裁判憲法訴願」的情形與案例類型

相關受理標準及聲請案件應說明內容尚待實務運作發展，以下參考我國及德國法相關案例，整理提出可能聲請裁判憲法訴願的情形與案例類型：

---

[27] 憲法訴訟法第25條第1項規定：「第五章及第六章案件，其判決應本於言詞辯論為之。」第2項：「除前項所列案件外，判決得不經言詞辯論為之。」

[28] 憲法訴訟法第8條第1項規定：「當事人得委任律師為訴訟代理人；除有下列情形之一者外，言詞辯論期日，應委任律師為訴訟代理人：一、當事人或其代表人、法定代理人具有法官、律師或第三項第一款得為訴訟代理人之資格。二、第六條第二項所稱相對人。三、被彈劾人已選任辯護人。」

一、法令未能涵蓋社會生活變遷或相關例外情狀，致適用上未能兼顧基本權利保障之情形

倘若法令在制定時，不符基本權利重要意義或重要的憲法價值，致在適用上未能兼顧基本權利之保障，或立法時未預料到日後社會變遷、生活環境之差異，致無法涵蓋現今社會生活（或早年遺留之法律關係）[29]，無法適用於例外情狀產生法律漏洞，因而法院適用法律時，透過文義、目的、體系、合憲性解釋，所得出「適用結果」損及人民基本權利，相關案件發生爭訟，除在審級救濟程序中聲請承審法官暫停訴訟程序就係爭法令聲請法規範憲法審查外，倘該法令原則上符合憲法原則致承審法官不願聲請釋憲時，則可在用盡審級救濟途徑後，就個案判決適用系爭法令之見解聲請裁判憲法審查加以救濟[30]。

二、私人間權利行使發生衝突之情形

民事法規、行政法令本身均有所欲維護的法規範目的，相關法令原應符合憲法價值或基本權利之重要意義，但倘若相關法令涉及不同人民間權利行使的衝突關係時，主管機關及法院勢必需要就不同人民之權利關係權衡孰輕孰重。故相關法令原則上為合憲，但倘若法院在適用法令、權衡私人間權利關係時發生衝突，致其權衡結果未能維護重要之憲法價值或使基本權利保障落空，則可在用盡審級救濟途徑後，就個案判決適用系爭法令之見解聲請裁判憲法審查加以救濟。

例如：西德聯邦憲法法院於1958年1月15日作成的Lüth-Urteil[31]（呂特事件判決，BVerfGE 7, 198-230），抵制的言論既受言論自由所保障，縱導致他人的名譽、財產權等相互衝突，但在權衡上如抵制的言論具有更高的價值，並與憲法基本權利的落實、發展有重要關係，則法院在適用私法法令時，仍應維護言論自由，否則法院之個案判決將使言論自由的保障落

---

[29] 例如民法物權編相鄰關係、越界建築，或祭祀公業、派下權等法律關係。
[30] 例如前述司法院釋字第242號解釋認為民法第982條規定對於「國家遭遇重大變故，在夫妻隔離，相聚無期之情況下所發生之重婚事件」並未為規範，因而其「適用結果」抵觸憲法第22條保障人民自由及權利，即為適例。
[31] 該案之事實及西德聯邦憲法法院判決理由，參註12之說明。

空而屬違憲。

　　本文前言試舉號召大眾牴制購買、退訂特定廠商商品之言論、訴請發電風機業者、電信公司賠償、遷移發電風機、手機基地台的案例，均涉及私人間「言論自由」、「營業利益、財產權」，以及「長期之居住環境品質及健康權」、「營業利益、財產權」相衝突的案例，個案當事人之權利、自由均受法律保障，個案中衝突的權利需由法院視個案情節依憲法原則、憲法價值予以適當衡量，各個權利之間並無一定優劣差異，也不涉及所憑法律是否違憲的問題，故倘法院於判決之法律見解有權衡輕重失衡的情形，可透過裁判憲法審查之新制尋求救濟。

　　類似的案例又如集合住宅大樓中，鄰居間請求排除二手菸侵害的事件，因社區集合住宅大樓並非菸害妨制法規定的公共場所，住戶在住宅內抽菸原則上不違反菸害妨制法，尚屬人民的一般行為自由，但二手菸飄散可能損及鄰人居住環境品質及健康權，形成「人民長期之居住環境品質及健康權」與「人民在住處抽菸之自由」相互衝突情形，法院在權衡上須衡量上述權利、自由在憲法價值中孰輕孰重，於適用法令時應確保基本權利之保障不致落空、避免輕重失衡情形[32]，否則人民應可在用盡審級救濟途徑後，就個案判決適用系爭法令之見解聲請裁判憲法審查加以救濟。

三、國家基於重大公益依法要求人民基本權利退讓之情形

　　國家為維護國家安全、經濟秩序等重大公益所制定之法令，因所欲維護的公共利益確屬重大，且相關法律之適用可能僅涉及人民的財產權、營業自由等財權性權利，故相關法律在適用及權衡上，可能會認為人民的財產權利應為國家安全、公共利益有所退讓，即相關法令通常認為合憲、人民應忍受法令適用所造成的不利益。然而，倘若相關公益之定義、性質較為空泛，法律賦予行政權極大的裁量空間，然法院適用法律權衡公益及人民財產權利時，倘未能維護重要之憲法價值或使基本權利保障落空、輕重失衡時，則可在用盡審級救濟途徑後，就個案判決適用系爭法令之見解聲

---

[32]　例如臺灣新北地方法院104年度訴字第1831號判決，參楊子慧，同註4，頁109。

請裁判憲法審查加以救濟。

　　例如本文前言試舉網路新媒體之報導、言論遭認定為「散布謠言」而受裁罰的案例，或有線電視系統業者（即俗稱第四台業者），為提升頻道內容多樣性、增加競爭力、或為因應空頻，申請移動頻道順序或移入新頻道，遭NCC駁回的案例，可能涉及「公共秩序」、「頻道管制」的公共利益，與「言論自由」、「新聞自由」及「營業自由」、「編排頻道之表意自由」的衝突，私人之權利與國家權力間存在對立緊張關係，且由行政機關掌握裁量權限[33]，法院在權衡上須衡量上述公共利益與財產權利在憲法價值中孰輕孰重，於適用法令時應避免基本權利保障輕重失衡、確保法令適用符合通常情況下所理解的憲法價值，否則人民應可在用盡審級救濟途徑後，就個案判決適用系爭法令之見解聲請裁判憲法審查加以救濟。

伍、結論：待發展的「裁判憲法訴願」制度

　　司法制度、訴訟救濟及違憲審查制度的內涵與制度建立，係與憲政秩序、人權保障的價值選擇息息相關，憲法訴訟法中新增訂的「裁判憲法審查（裁判憲法訴願）」制度，在爭訟個案「判決」的法律見解有違憲疑義時，得針對「判決」的法律見解聲請憲法審查（裁判憲法訴願），使人民憲法基本權獲得更周全的維護與救濟。

　　透過本文所舉試例，亦可反思引進「裁判憲法審查（裁判憲法訴願）」不僅提供人民受不利確定終局判決時，可針對個案判決法律見解有無違憲疑義聲請釋憲救濟，更在促進每一個個案在各級法院、各個審級審理中，均使當事人就個案中人民基本權利可能遭受侵害，或相互衝突的法

---

[33] 相關案例又如傳聞文化部擬對來台出版的大陸圖書進行審查，涉及臺灣地區與大陸地區人民關係條例第37條：「大陸地區出版品、電影片、錄影節目及廣播電視節目，經主管機關許可，得進入臺灣地區，或在臺灣地區發行、銷售、製作、播映、展覽或觀摩。前項許可辦法，由行政院新聞局擬訂，報請行政院核定之。」、大陸地區出版品電影片錄影節目廣播電視節目進入臺灣地區或在臺灣地區發行銷售製作播映展覽觀摩許可辦法第4條：「大陸地區出版品之內容有下列情形之一者，不予許可進入臺灣地區：一、宣揚共產主義或從事統戰者。二、妨害公共秩序或善良風俗者。三、違反法律強制或禁止規定者。四、凸顯中共標誌者。但因內容需要，不在此限。」等規定的適用，相關法規固有維護國家安全等公共利益，法令通常被認為合憲，但法令賦予行政機關極大的裁量權限，且相關規範所劃設的規範內容、判斷標準是否適當，行政機關、法院判決裁量是否適當，則涉及衡量是否適當、能否保障基本權利、有無違反憲法價值，如個案判決衡量結果有違憲疑義，應可聲請裁判憲法審查加以救濟。

律爭點，加以辯論使憲法基本權利的保障與權利內涵的充實，在各級法院判決中予以深化，而非等到收到終局確定判決時才評估基本權利有無遭侵害。

由於我國已就「法令」憲法審查發展審查要件、受理標準等，以控制案件數量，且「裁判憲法審查（裁判憲法訴願）」制度一直存在與最高法院權限功能重疊爭議，並可能導致大量案件湧入、癱瘓憲法法庭正常運作之疑慮。可預期司法院大法官在「裁判憲法審查（裁判憲法訴願）」制度施行後，將會建立較嚴格之受理標準，並要求聲請人具體說明聲請案件所涉及憲法上基本權利與憲法重要性，或貫徹基本權利保障之必要性等理由。

由於「裁判憲法訴願」之聲請要件甚為抽象，且有六個月的聲請期限，個案用盡通常救濟途徑後，如仍不服終局確定判決，宜掌握期限審慎評估個案判決法律見解有無侵害基本權利或憲法價值之處，以提出聲請。

第三篇
商業、跨國及併購紛爭介紹

📊 Apples and Oranges Differing Expectations and Assumptions between Taiwanese and Foreign Parties in Cross-Border Transactions

📊 海外投資糾紛如何超前部署？

📊 仲裁準據法與仲裁救濟程序實務問題研究

Apples and Oranges: Differing Expectations and Assumptions between Taiwanese and Foreign Parties in Cross-Border Transactions

魏薏玲、張逸恆

Parties accustomed to cross-border agreements are no strangers to attendant considerations, such as agreeing upon a governing language, dispute resolution, and governing law. The general understanding is there are often additional obstacles, as there are simply more differences to resolve when the parties are based in different jurisdictions.

However, in addition to the concerns raised in any cross-border transaction, there may in negotiations and agreements with Taiwanese parties arise specific issues, many of which stem from differing expectations and assumptions. We cover below certain such issues we have frequently encountered in the context of agreements and negotiations between Taiwanese parties and their foreign counterparts. Our hope is that this article may serve as a resource for parties in similar negotiations or agreements.

I. Negotiations

As a preliminary matter, it is important to understand that in contrast to certain jurisdictions (e.g. Germany), there are largely no pre-contractual obligations in Taiwan binding negotiating parties.

Nonetheless, pre-contractual obligations may apply in select circumstances described in Article 245-1 of Taiwan's Civil Code, namely liability for damages resulting from the following:

· concealment or misrepresentation of material facts in bad faith;
· intentional or grossly negligent disclosure of information expressly requested to be kept confidential; or
· generally any matter "obviously against good faith.

In practice, it is difficult to assert that these obligations should apply, since the foregoing circumstances may be difficult to prove. However, as there is an obligation to keep information confidential where expressly requested, this highlights the importance of a generally sound practice: the execution of a non-disclosure agreement prior to negotiation.

Given the general lack of pre-contractual obligations, foreign counterparties would also be well advised not to mistake the painstaking negotiation of a memorandum of understanding—very common in Taiwan—for willingness or likelihood of reaching an agreement. While not unusual in itself, a memorandum of understanding is often valued by a Taiwanese counterparty not as a preliminary starting point for the actual agreement, but as a summary of terms for its investors or shareholders—especially if the actual agreement is not drafted in Chinese. The reasoning is that Taiwanese investors would be unlikely or unwilling to parse through long contracts in other languages, and so a memorandum of understanding is their first (and often final) view on the terms of the deal. In short, what may appear to a foreign counterparty as evidence of good progress on a preliminary consensus may simply be akin to an investment presentation by its Taiwanese counterpart!

On a related note, foreign counterparties should note a practice not uncommon in Taiwan, namely that after an in-person negotiation or meeting is held, a "summary" of what was purportedly said is often prepared and circulated to all parties. These "summaries" (often referred to as "meeting minutes") may be well intended and for the benefit of all parties. However, it is not unusual for such accounts to be self-serving and contain skewed or inaccurate accounts, often intended by the preparer for use to their advantage in subsequent negotiations or even disputes. Although for reasons aforementioned these accounts are unlikely to give rise to pre-contractual obligations, a party receiving such an account would be well advised to unequivocally reply in writing that (i) all in person discussions are not intended to be binding agreements and are for the reference of the parties only and (ii) the provided account may contain one or more inaccuracies, on which the recipient declines to further comment.

II. Governing Language

In many cases, contracts between a Taiwanese counterparty and a foreign counterparty are drafted in English. These contracts almost always include a boilerplate provision noting that the agreement has been drafted in English, which is the governing language regardless of other translations of the agreement, if any.

While this helps the foreign counterparty when future questions arise in interpreting the agreement, problems may arise with ancillary documents involved in the transaction. For instance, employment agreements with foreign employees may be drafted in English, but they may reference workplace rules or policies that are in Chinese, which serve as guidance for the employer's largely local employees. Another common example would be foreign investors of companies or partnerships in Taiwan signing subscription, shareholders', or partnership agreements drafted in English, but overlooking the fact that these companies or partnerships nonetheless remain governed by organizational documents drafted in Chinese. The result is that the terms of the agreement are, notwithstanding an express clause designating English as the governing language, effectively in two languages.

Where the ancillary documentation is relatively brief, such as workplace rules or policies, the cost-effective solution may simply be for the parties to agree on an English translation that will govern—and to re-member that the governing language clause in the main agreement should expressly cover designated translations of ancillary documents. However, where the ancillary documentation tends to be more complex and likely to involve significant legal ramifications (such as organizational docu-ments), translation may be infeasible if not insufficient. In these situa-tions, a foreign counterparty would be well advised to retain Taiwanese counsel to at least review the relevant documents in Chinese for consis-tency against the English agreement.

III. Governing Law and Dispute Resolution

Assuming no great disparity in bargaining power, the governing law for agreements between a Taiwanese party and a foreign counterparty is often that foreign to both parties. For fear of "home advantage", the parties will often designate arbitration by an organization based in a ju-risdiction in which neither of the parties are based, preferably one with established fluency in English. In past years, arbitration in either Hong Kong or Singapore was a popular solution, but of late the latter frequent-ly replaces the former due to political stability concerns.

If there is greater bargaining power on the side of the Taiwanese party, dispute resolution will likely be by means of Taiwanese courts or arbitration. However, this may not be the blessing it appears to the Tai-wanese party, as there may nonetheless be concerns with enforceability. Given Taiwan's uncertain political status and recognition, there is a risk that foreign courts will not enforce an otherwise final and binding judg-ment rendered by a Taiwanese court. The same concern applies with re-spect to arbitral awards, as Taiwan is not a party to the Convention on the Recognition and Enforcement of Foreign Arbitral Awards (commonly referred to as the "New York Convention"), which requires contracting states to recognize and enforce arbitration awards made in other contract-ing states.

Likewise, a foreign party having successfully opted for courts in their selected jurisdiction may nonetheless be subject to non-recognition of judgments. Article 402 of Taiwan's Code of Civil Procedure provides that while final and binding judgments rendered by foreign courts are generally recognized, there are four important exceptions:

(i)   where the foreign court lacks jurisdiction pursuant to Taiwan laws;

(ii) where a default judgment is rendered against a defendant, unless notice was legally served in a "reasonable" time or through judicial assistance in Taiwan;

(iii) where enforcement would be contrary to Taiwan's public policy or morals; and

(iv) where there is no mutual recognition between the foreign country and Taiwan.

While it cannot be helped that (iii) subjects foreign judgments to seemingly arbitrary standards, it would be prudent for a foreign party to determine whether the mutual recognition in (iv) exists before deciding on dispute resolution by courts in their native jurisdiction. The "judicial assistance" referenced in (ii) involves the preparation and submission of letters rogatory, i.e. a request from the courts of one country to those of another, a process which is complex and for which legal counsel is highly recommended.

IV. Relevance

A commonly overlooked concern in cross-border transactions is whether the desired terms of the deal apply to the governing law or norms selected for the agreement. As creatures of habit, parties to a transaction are inclined to propose terms customary in their own jurisdiction. Nonetheless, such parties should take care to consider the relevance of such terms, or to retain counsel to determine the same.

For instance, Taiwanese investors will often request the right to appoint a company supervisor—essentially a company auditor that supervises the business operations of a company—as such role is standard in Taiwan's corporate governance landscape. Where such investors are seeking a stake in a company based in, for instance, the Cayman Islands, no supervisor may be appointed as there is no analogous role. In addition, share certificates are also commonly requested by Taiwanese investors, as they play a significant role in evidencing ownership of companies in Taiwan, but these are of reduced importance or merely symbolic in other jurisdictions.

A more common example arises when Taiwanese and foreign parties seek to execute finalized agreements. Taiwanese companies place paramount importance on "company chops", official stamps bearing the company's name, for executing documents. When the company chop is applied on a foreign document, foreign counterparties are often unable to read the seal and, understandably, have doubts as to the binding nature thereof. In our experience, the solution is often to appease both parties by having the company chop applied to the signature page along with a traditional wet ink signature.

On a related note, Taiwanese companies frequently seek stamps similar to company chops for their foreign subsidiaries—even when advised this is not required—as they may be unaccustomed to wet ink signatures. In doing so, such companies often request that the registered office providers of their foreign subsidiaries create stamps bearing a foreign subsidiary's name and a sign-in bar, which results in additional expenses and processing time. The comfort derived from such stamps is but a placebo effect; if absolutely needed, a trip to the local stationery store can achieve the same effect at a fraction of the cost and time.

V. Specific Concerns

While the concerns above apply to virtually all cross-border agreements, there are various others that apply to specific transactions or circumstances. We highlight several below frequently encountered in our practice.

A. Foreign Investment Approval – Indirect Investment from the People's Republic of China

Foreign investment in Taiwan is largely governed by the Statute for Investment by Foreign Nationals. However, given the complicated relationship between Taiwan and the People's Republic of China (PRC), investment from those deemed investors from the PRC are subject to additional scrutiny, as described in the Measures Governing Investment Permit to the People of Mainland Area (promulgated by the Ministry of Economic Affairs). Such investors include not only individuals, legal persons, and organizations from the PRC, but also legal persons of which over 30% in interest are directly or indirectly held by such persons, or over which such persons have control. Restrictions are such that investments in Taiwan from the PRC may only be in certain sectors, and are subject to review and approval by regulatory authorities on a case-by-case basis.

The applicability of the regulations above are readily apparent in direct foreign investments into Taiwan. However, they can be overlooked in funds and other collective investment schemes organized outside of both Taiwan and the PRC, but nonetheless having investors or contributions from or originating from the PRC. Such funds often recognize that the Statute for Investment by Foreign Nationals apply to them by virtue of their foreign status, but overlook their own status as a potential investor deemed to be from the PRC by virtue of direct or indirect ownership.

In funds where contributions are made on a capital call basis, the common solution to avoid triggering PRC-related investment review is to (where economically feasible) excuse PRC-based investors from making capital contributions towards an investment in Taiwan. Where the fund in question has issued fully paid shares to its investors, it may be more difficult to segregate its PRC-sourced funding. In any event, prior to any investment in Taiwan, foreign investors would be well advised to consider the implications of any PRC ownership in advance, rather than simply rely on compliance with the Statute for Investment by Foreign Nationals.

B. Data Protection in the Context of Startups

As more and more companies are focused on providing online services, Taiwanese startups are increasingly exposed to, or being required to store, maintain, or process, personal data. These startups commonly provide services to foreign companies, which have their own database of clients from their own jurisdictions, or even spanning the globe.

In our experience, Taiwanese startups are excited to be doing business with foreign companies—as they should be. However, they often overlook the implication of a broader reach: increased compliance and regulatory obligations. As is customary, service agreements often include representations and warranties, and even indemnification provisions, relating to data protection compliance, which impose on the service provider obligations to comply with all applicable data protection laws and regulations. Often these provisions are vaguely drafted, and do not specify certain data protection statutes or regimes. The result is that the service provider often assumes they have agreed to comply with data protection laws and regulations applicable only to Taiwan, under the assumption that only Taiwanese regulations would apply to Taiwanese startups—only to later discover the foreign counterparty has retained the service provider to process personal data derived from, for instance, the European Union (in which case the General Data Protection Regulation may apply).

When faced with a contractual data protection obligation, startups should consider and discuss with their clients what personal data from which parts of the world they are or will be expected to process. Compliance and regulatory costs are a concern, as data protection regimes vary from jurisdiction to jurisdiction, and it may not be feasible for startups to retain counsel or advice from numerous jurisdictions. Where this is the case, it may be advisable for startups and their clients to restrict the personal data processed to select jurisdictions. The associated service agreement should then explicitly provide that personal data provided by the client to the service provider will only be derived from select jurisdictions, and that personal data protection compliance is accordingly limited to such jurisdictions.

C. Confidentiality

Ideally, a confidentiality agreement should be in place before any discussions involving confidential information take place. In practice this does not always occur, in large part because disclosure of at least some confidential information may be necessary to pique interest in a potential transaction or collaboration. Thus, confidential information previously disclosed—even if only orally—should be retroactively covered by a subsequently signed confidentiality agreement. This is sound advice generally, but even more so when considering that it is not uncommon for Taiwanese counterparties to record discussions, especially if they are conducted in English.

D. Force Majeure and COVID-19

A force majeure clause is commonly found in agreements, and excuses the party affected by force majeure, i.e. an unforeseen circumstance such as war, natural disasters, and acts of god, from performing contractual obligations to which it would otherwise be bound.

Disputes over force majeure clauses may be more likely where the parties are from areas with differing COVID-19 severities. At this time of writing, Taiwan has not been subject to a lockdown, which is common in many other parts of the world. Where a foreign counterparty is located in a locale in which COVID-related restrictions are or are likely to be in full swing, a Taiwanese party should be prepared for such counterparty to assert force majeure in its favor.

Given the above, it would be prudent for parties to check preexisting force majeure clauses to determine what is necessary to excuse a party from its obligations. Force majeure clauses generally excuse fulfillment of an obligation if the unforeseen circumstance has prevented, hindered, delayed, or impeded performance. Thus, depending on how the force majeure clause is drafted, COVID-19 may need to completely prevent an obligation from being fulfilled (whether physically or legally)—such as an obligation to make an in-person appearance in a city to which outsiders may not legally travel—rather than simply make it more costly or difficult. Parties to an agreement should thus determine beforehand the necessary trigger for force majeure excusal, rather than assume (at the risk of potential breach of contract) that COVID-19 constitutes automatic relief from obligations.

For new agreements to be executed between Taiwanese and foreign counterparties, it may be advisable for the force majeure clause to specify that any subsequent complications due to COVID-19 not existing as of the date of such agreement, such as future lockdowns in Taiwan, would constitute force majeure. The reason why such specification is preferable to simply listing "epidemic" or "COVID-19" is the frequent requirement that force majeure be an unforeseen event; for an agreement executed in an ongoing COVID-19 pandemic, it may be difficult for the parties to assert they could not have foreseen the pandemic itself.

海外投資糾紛如何超前部署？

廖婉君、蕭郁、林良怡

壹、前言

　　跨國投資在過去全球化腳步加速的情況下，亦逐步增加並屢創高峰，投資人為追求最大利潤，往往在原料最便宜的地方採購，在人力既優質又低廉的地方生產，在研發人才最密集的地方做設計，在管制最寬鬆的地方設立控股公司[1]。而海外投資雖存在前述諸多獲利優勢，但投資人往往因為不熟悉投資當地法令及風土民情，不瞭解交易對手的誠信度，因而面臨可能蒙受投資損失的重大風險。

　　針對實務上常見的海外投資糾紛類型，投資人應該先有所認識及警覺，再接續討論投資人如何超前部署預先防範。而後探討如不幸發生投資糾紛時，有哪些可尋求的救濟管道。最後提醒投資人應提高風險意識、保持警覺，委請律師、會計師等專業人士預先評估及提供專業建議，隨時做好萬全準備以保障投資權益。

貳、海外投資糾紛常見類型

　　在我們過往經手處理的跨國投資案件中，由於大型投資案往往涉及契約各方當事人或是投資標的皆設立於不同的國家或管轄地，在適用法令的選擇（即法律關係的準據法）及日後發生糾紛的處理上（即爭議的審理地點），會隨著上述因素而愈發複雜化，甚至選項太多也造成投資人對於怎麼選擇、哪裡解決最有利等，均有普遍的疑問。

　　隨著全球商業及跨國投資合作的關係日漸複雜化，海外投資糾紛的態樣也是不勝枚舉，以下提出幾個常見的糾紛類型，先讓投資人初步認識跨

---

[1]　吳必然（2019），〈新世代國際投資趨勢〉，《產業雜誌》，593期，頁28。

國投資可能面臨的投資糾紛型態。

一、攻其不備

臺灣A公司與外國B公司計畫合資設立科技公司，以雙方擁有的專利技術及其他財務資源共同開發高科技產品。但心懷鬼胎的B公司在法律及財務查核過程中，獲知A公司的技術、產品資訊、主要供應商及客戶名單，並取得A公司之關鍵研發人員名單及薪資結構。隨後B公司以肺炎疫情嚴重、市場狀況改變為由，單方突然中止合資案。不久，B公司就暗地裡開始進行大規模的挖角，致使A公司流失重要研發人員。

二、瞞天過海

臺灣C公司計畫取得美國D公司的股權以拓展歐美行銷通路，但在交易談判過程中，D公司經營管理階層另行私下設立新公司，透過關鍵員工自請離職或辦理退休的方式將重要幹部移轉到新公司，或透過客戶不再續約的方式將重要的客戶合作契約讓與到新公司，則D公司成為一個毫無價值的空殼。

三、一貧如洗

臺灣E公司想要搶得先機，急欲併購一家緬甸F公司，在匆促的情況下完成財務查核，而F公司對於潛在的負債及違約責任皆未如實稟告，亦百般拖延遲遲未提出經會計師查核簽證的財報。在E公司併購取得股權後，方知F公司的財務彷彿一團爛泥，甚至有執行長淘空公司財務，把私人信用卡款掛在公司帳上等問題，至此，E公司也才瞭解到為何當初F公司屢屢拖延提供經會計師查核簽證的財報。

四、內神外鬼

臺灣G公司與新加坡投資人甲合資在新加坡設立H公司，且為符合當地投資法令的需求，由甲擔任H公司董事長。不料，甲妻以親友名義另設

I公司卻未揭露利害關係，甲代表H公司以高於市場行情數倍的價格向I公司購買生產原料，並進行數筆假交易，惡意掏空H公司。

參、海外投資糾紛超前部署

如同投資要嗅得先機、盡早布局，海外投資糾紛防免，也要超前部署，實務上透過事前的盡職調查程序、安排合約條款及保存證據等防免措施，力求達到追求獲利及分散風險的目標。

一、透過盡職調查程序及協商合約條款預先安排保護機制

由於跨國投資涉及不同國家的法規障礙，為預先防免投資糾紛、妥善評估投資標的價值及交易價格，投資人在進行各種交易之前，應委由律師及會計師等專業人士進行確實的盡職查核程序。在進行盡職查核程序前，如為被投資方／被查核方，則被投資人應先與交易對手簽署保密協議書（Non-disclosure agreement, NDA），確保交易對手及其員工、委任之會計師及律師等接觸資料之相關人員均負有保密義務。且於提交資料前，被投資人應對於敏感性資訊加工，將主要客戶名稱及交易價格等核心資訊遮蓋，以達交易對手之查核需求，同時避免自己的機密資訊曝光。

如為投資方，則投資人應諮詢專業人士意見研擬盡職調查的項目清單，並於簽署保密協議後向投資標的取得查核資料，同時透過其他公開系統（包括當地的主管機關及司法機關網站）反面查核及檢視標的公司資料的正確性。

投資方往往以商業角度而言會過於心急想完成交易，因而忽略眼前的蛛絲馬跡，在不甚瞭解交易環境的情況下而貿然執行，但依照過往的實務經驗來看，在議約過程中任何不尋常的反應或回覆，或諸多拖延藉口等，都是產生糾紛的前兆，不應鬆懈或無視，例如，當投資標的財務狀況不佳時，交易對手可能遲遲不願提出經會計師查核簽證的財務報告，或拒絕常見的合理交割條件，或對常見的聲明保證事項有所爭執。

對於此等不尋常現象都是交易警訊，投資人應保持警覺，詳盡查核，瞭解投資標的之財務狀況，要求提供經合格會計師查核簽證的財報，查閱

重要合約及貸款契約的履約狀況，瞭解違約的損害賠償責任，檢視專利、商標等智慧財產權登記及授權契約內容，確認主要營運資產是否設定抵押權、質權等限制或負擔，公司有無對他人保證，調查投資標的有無正在進行中或潛在的訴訟、仲裁案件或其他糾紛，透過公司提供資料及公示查詢系統的反覆交叉比對，針對可疑之處應更加留心。

　　為分散及防免前述投資風險，針對查核程序中發現的重大議題及疑點，應妥善規劃投資契約的內容、完整臚列聲明保證事項、設計交割付款條件、訂定相關違約及損害賠償責任條款，並委託專家顧問評估交易價格及出具合理性意見。必要時，可以分期支付價金、尾款交付信託保管或投保併購保險等方式，降低及分散投資風險。

　　此外，為避免交易對手瞞天過海另設公司，投資人付出高昂的投資金額卻取得毫無價值的空殼，投資美夢到頭來只換得一場空，在查核過程中，即須詳細瞭解公司營運情況、資產處分流向、重大契約的終止或續約情形、關鍵員工的確保及離職狀況等。在投資契約規劃上，得約定被投資公司及其員工應於約定期限、地域內，不得從事相同或類似業務；要求分期付款或價金交付保管以確保被投資公司在查核完成後至簽約時、以及在交割後一年內，不得處分公司重大資產或從事其他足以影響公司營運之行為。

　　針對前述合資公司股東內神通外鬼之情形，除在合資契約中要求董事長經營合資公司業務不得違反法令、合資公司章程及合資契約之規定外，投資人可將關係人交易、公司查帳人員及外部稽核會計師之選任與解任等事項保留由董事會開會討論及決議，亦可在法令允許的情況下爭取投資人的否決權。同時，投資人應健全公司治理制度，制定關係人交易政策，確保交易資訊充分揭露，並選任獨立專業的外部會計師進行稽核，以及時發現公司內部控制的重大缺失事項。

二、保存證據及交易協商紀錄

　　在爭訟進行的過程中，有一句很有名的法諺「舉證之所在，敗訴之所在」，意思是當個案事實真偽不明時，在法律上負擔舉證責任之一方，就

有較高無法獲得賠償、未能要求履約的敗訴風險。

　　因此，從投資人開始與交易對手進行磋商時起，建議即應完整保留歷次議約的資料，不論是往來的電子郵件、往來訊息、雙方書面文件等。在履約過程中，當交易對手有違約的情事時，投資人亦應妥適保存證據，避免時間久遠導致證物滅失，交易對手矢口否認，而陷入無法舉證的困境。

　　相關資料的保存，除在爭端發生時供作舉證之用外，對於後續修改契約、簽訂新的投資契約等，亦有所助益。投資人可藉由過往的資料、與交易對手的實際合作經驗，分析自己的優勢與劣勢、機會與威脅，進而妥善規劃投資契約內容，以防免投資糾紛。

三、發生爭議時透過訴訟或仲裁主張權利

　　在實務運作上，投資契約均會預先約定準據法及解決投資爭議的方式，常見的爭端解決途徑包括訴訟、仲裁及調解等（請見下述肆之介紹），以避免在爭議發生後，投資人無法取得他方之同意而未能透過仲裁或調解解決糾紛。此外，由於準據法及管轄法院的條款均在交易合約的後段章節，交易雙方在冗長的議約過程中，往往還沒認真討論到準據法及爭議解決地就已經失去耐心與專注力，也因而常忽略爭端解決機制，但在發生違約情事時，爭端解決機制的選擇往往掌握投資人主張權益的難易度，在議約時，亦必須考量比較容易違反合約的是哪一方以及要主張權益時的可執行性如何，否則縱使有爭端解決條款但無執行實益時亦是空談。

肆、常見的跨國投資糾紛爭端解決途徑

　　傳統上，當投資人發生履約紛爭且無法透過協商解決時，第一個想到的就是透過法院訴訟，除此之外，在跨國投資涉及不同司法管轄地的情況下，實務常見尚有調解及仲裁等替代性爭端解決機制（Alternative Dispute Resolution, ADR）。

　　訴訟、仲裁及調解各有優劣勢，以下分別介紹這三種爭端解決方式：

一、訴訟

　　由當事人一方向法院起訴，請求他方當事人履約或請求違約損害賠償，而法官依據訴訟法等規定，就雙方之聲明及主張、調查證據認定事實、適用法律，並由法院以裁判解決紛爭。

訴訟層級漫長且訴訟程序複雜

　　每個國家的訴訟機制通常會允許任一方可對法院判決提起上訴，則只要一方不放棄且願意投注心力、財力，一個審級的判決有可能至少要拖延一、二年才能完結，更不用說拿到確定判決的路途漫長，而過程中需要支付的訴訟費及律師費往往驚人，況且投資人亦可能不熟悉當地的訴訟體制及程序，而造成龐大的心理壓力，與當地律師團隊溝通時也可能充滿障礙，此時，實務上通常需要國內律師搭配國外律師共同合作，由國內律師作為聯繫窗口並負責與國內投資人溝通及整理證據資料，國外律師則負責當地訴訟的進行程序及開庭。

二、仲裁（arbitration）

　　仲裁是基於私法自治原則而設立的爭端解決制度。由當事人間就紛爭的解決，交由其自行選任的仲裁人或雙方推選的仲裁人，依據仲裁程序進行審理，最後作成對當事人具拘束力的仲裁判斷。

　　當事人合意即所謂的「仲裁協議」，「仲裁協議」的形式有二，第一種方式是當雙方在簽署投資契約時，即在爭端解決條款中約定，如未來發生任何爭議，雙方同意以仲裁解決；第二種方式，則是在爭議發生後，由當事人約定以仲裁方式解決紛爭。但通常在發生爭議後，雙方已經撕破臉，此時不容易透過雙方合意交付仲裁解決，比較可能回到向法院起訴的情況。

(一) 仲裁標的與仲裁程序

　　什麼樣的爭議可以提付仲裁呢？基本上，只要是依法可以由雙方和解的，都可以透過仲裁解決紛爭。因此，不論是投資契約、併購協議或其他交易合約而生之爭議，多半均可透過仲裁解決。

　　不同於訴訟程序必須遵循各國的訴訟法進行，在實務運作上，如跨國投資人選定仲裁作爲爭端解決管道，通常會在議定投資契約時，就約定由特定仲裁機構依該機構當時有效之仲裁規則進行仲裁程序，例如：中華民國仲裁協會（Chinese Arbitration Association, CAA）仲裁規則、國際商會（International Chamber of Commerce, ICC）2017年仲裁規則。除此之外，契約當事人亦可能就仲裁地、準據法等事項先爲約定。

　　仲裁程序爲一審終結，仲裁判斷是最終的決定，不能上訴，僅於符合特定條件時，當事人得向法院聲請撤銷仲裁判斷。以我國「仲裁法」爲例，第40條即規定數種得提起撤銷仲裁判斷之訴的情形，包括：仲裁判斷與仲裁協議標的之爭議無關，仲裁判斷逾越仲裁協議之範圍，或仲裁判斷書應附理由而未附等情形。因此，相較於訴訟，以仲裁方式解決紛爭，通常較爲迅速。

(二) 跨國仲裁實務重點

　　針對跨國仲裁，在實務上有幾個重點需要審愼思考，包括：仲裁機構及準據法、仲裁人、專業律師以及專家證人等。

　　由於締約雙方談判實力的差異，或是基於個案需求、當事人彼此的妥協，實務上亦常會出現仲裁地與個案準據法不一致的問題，例如：雙方約定仲裁機構在臺灣，但準據法卻選擇英國法，在這種情況下，由於語言的隔閡及對英國法的熟稔度不足，投資人可能需要付出更多的時間、費用，進行法令研究、文件翻譯等工作。

　　對於這樣的選擇，當事人應審愼評估，確認當事人對當地法規有充分的瞭解，且當事人在臺灣所選擇的仲裁人也必須同時熟稔英國法及臺灣的仲裁規範。投資人應評估哪一方當事人較容易違約，事先模擬在不同的仲裁地、依契約所適用的準據法進行仲裁時，需負擔的成本及風險，進而選擇對自己最有利的仲裁方案。

　　由於個案涉及法律、財經及工程等不同的專業面向，在選任仲裁人時，如仲裁人兼具法律專業及產業經驗，將能充分掌握案件事實，進而正確適用法令。

　　此外，仲裁人是否擁有豐富的實務經驗，將影響仲裁程序之進行，好

的仲裁人可以帶你上天堂,但欠缺經驗的仲裁人可能導致程序延宕,讓當事人處於水深火熱之中。思慮清晰且具相當經驗的仲裁人,針對複雜、特殊的仲裁案件,往往可以迅速得到一個較合於產業面的判斷;對於不具實務經驗的仲裁人而言,則較難在短短的時間內完整掌握案件全貌,做出合理的仲裁判斷。

專業律師的選擇更是重要,當事人所挑選的律師必須要有仲裁或訴訟經驗,並且依個案準據法的適用或外國仲裁機構仲裁規則之要求,瞭解個案事實,及掌握仲裁案件的爭點,進而偕同外國律師擬訂仲裁策略。

另外,針對特殊領域的仲裁案件,由於專業性要求較高,而須仰賴專家證人的報告,透過專家證人深入淺出的分析,使仲裁人瞭解技術、產業等專業事項,因此,專家證人的選擇也是非常重要的。當事人所選擇的專家證人,不但要具備專業分析能力,還要口條清晰、思慮周詳,可在仲裁庭簡單闡述他／她的研究分析,讓每位仲裁人都能輕易理解特定專業事項,進而做出正確的裁決。

以上各個環節,當事人都需要審慎評估,才能夠在進行跨國仲裁時,不至於因為錯誤的選擇,導致當事人無法完整闡述其主張。此乃因仲裁判斷雖然較為迅速但一旦作成即難以推翻,因此,如果能在簽訂投資契約及實際進入仲裁程序前,就注意到這幾個實務上常輕忽的重點,應有助於仲裁程序之進行,進而獲得一個較有利的仲裁判斷。

三、調解(mediation)

調解係透過當事人合意,由中立第三人擔任調解人,透過調解人居中就紛爭進行協商,當事人可在友善的氣氛下充分表達意見、對爭議之認知,達到自主解決紛爭的目的。當事人才是調解程序的主角,調解人僅是協助當事人找到彼此都可接受的和解方案。

一般來說,凡是可以和解的爭議,原則上均可透過調解解決紛爭。以我國調解實務為例,依仲裁法規定得和解之案件,得透過調解解決爭

議[2]。在國際投資中，當事人可能事先在契約裡約定以調解方式解決爭端或於糾紛發生後簽署調解協議，約定由特定調解人或特定調解機構依其調解規則進行調解。

常見的調解方式包括「評價式調解（evaluative mediation）」及「促進式調解（facilitative mediation）」。「評價式調解」是由調解人協助當事人評估其法律主張、分析立場，依調解人之專業知識及過往處理類似爭端的經驗提出解決方案，如當事人可接受該等方案，調解即成立，反之，則調解不成立。

近來，歐美及新加坡普遍採用「促進式調解」，由調解人扮演雙方溝通的橋梁，促進雙方協商。調解人不評價爭議、避免提出調解方案，而是鼓勵當事人探索彼此的利益，引導當事人發現解決方案。

在國際實踐上，調解越來越受到重視，聯合國早在2002年通過國際貿易法委員會「國際商事調解示範法」，而後在2018年更名為「國際商業調解和調解所產生的國際和解協議示範法」[3]。各國也紛紛設置專業調解機構及調解規則，例如：新加坡國際調解中心調解規則（Singapore International Mediation Centre Rules）、香港國際仲裁中心調解規則、ICC調解規則。依據ICC統計，2019年依ICC調解規則新註冊的調解案件有35件，個案爭議金額甚至高達2.16億美元[4]，商事調解逐漸被廣泛使用。

四、執行

當案件走完特定的爭端解決程序後，當事人會獲得一個確定判決、仲裁判斷或經調解所產生的和解協議（mediated settlement agreement, MSA）。此時，往往不是程序的終點，當一方不願依判決、仲裁判斷或MSA履行其義務時，投資人即必須訴諸執行機制。

---

[2] 李紀宏（2011），〈調解理論暨實務——「促進式調解」簡介〉，《仲裁季刊》，93期，頁107-108。

[3] UNCITRAL Model Law on International Commercial Mediation and International Settlement Agreements Resulting from Mediation, 2018, available at: https://uncitral.un.org/en/texts/mediation/modellaw/commercial_conciliation (last visited: 2020/10/18).

[4] ICC Dispute Resolution 2019 Statistics, available at: https://globalarbitrationnews.com/wp-content/uploads/2020/07/ICC-DR-2019-statistics.pdf (last visited: 2020/10/18).

(一) 判決執行

當敗訴當事人不願依判決履行其義務時，勝訴一方須依執行地之強制執行機制，聲請法院強制執行。投資人想在我國法院執行外國法院確定判決時，依我國強制執行法第4條之1，勝訴方須提起請求許可執行之訴，獲得勝訴判決後，方得聲請強制執行。

法院審理時，並非重新審理案件，而是判斷是否存有民事訴訟法第402條所列之四種情形，包括：1.依我國法律，外國法院無管轄權；2.敗訴之被告未應訴；3.外國法院判決的內容或訴訟程序，有背中華民國之公共秩序或善良風俗；4.外國法院不承認我國法院之判決。如法院審理後，認為不存在前述四種情形時，即得判決原告勝訴，許可外國判決得強制執行。

對於外國法院是否承認我國法院判決之認定（即互惠原則），我國實務採取寬鬆的立場，基於國際間司法權相互尊重及禮讓之原則，如外國法院已有具體承認我國判決之事實存在，或客觀上可期待外國法院將來承認我國法院之判決，即可認有相互之承認[5]。

(二) 仲裁判斷執行

仲裁判斷又可區分為本國仲裁判斷與外國仲裁判斷。各國仲裁法對於外國仲裁判斷之認定並不相同，我國仲裁法第47條第1項規定，「在我國境外作成的仲裁判斷」及「在我國境內依外國法律作成的仲裁判斷」均為外國仲裁判斷，換言之，是以仲裁地及準據法作為區分標準。

聯合國承認與執行外國仲裁判斷公約（United Nations Convention on the Recognition and Enforcement of Foreign Arbitral Awards，下稱「紐約公約」）第1條第1項除以仲裁地作為區分標準外，更將「被請求承認及執行國不認為內國判斷者」認定為外國仲裁判斷。

關於本國仲裁判斷之執行，依仲裁法第37條規定，仲裁判斷與法院之確定判決，有同一效力。除雙方當事人以書面約定仲裁判斷無須法院裁定即得為強制執行外，原則上，勝訴一方須聲請法院為執行裁定後，方得

---

[5] 最高法院97年度台上字第109號判決參照。

強制執行。

　　相較於本國仲裁判斷，外國仲裁判斷之執行較為複雜，執行地國法院可能依其內國法或紐約公約等國際公約執行。我國並非紐約公約之締約國，如果要在臺灣執行外國仲裁判斷時，則必須依仲裁法第47條第2項規定，聲請我國法院裁定承認外國仲裁判斷。

(三) MSA執行

　　除具有法院判決執行效力[6]或可作為仲裁判斷執行之和解協議，一般而言，MSA性質上屬契約，仰賴當事人自願履行，當一方不願履行MSA時，當事人往往需要另行啟動訴訟或仲裁，耗費額外的代價取得可作為執行名義之判決或仲裁判斷。缺乏有效的跨境執行機制為過去對調解最常見的批評。

　　為促進國際商事調解的運用，達到類似紐約公約迅速有效執行外國仲裁判斷之目的，聯合國大會於2018年12月20日通過聯合國關於調解所產生的國際和解協議公約（United Nations Convention on International Settlement Agreements Resulting from Mediation，下稱「新加坡調解公約」），2019年8月7日在新加坡開放簽署[7]，截至目前為止已有美國及新加坡等53個國家簽署此公約。目前已有6個國家交存批准書[8]，此公約於2020年9月12日生效[9]。

　　當MSA符合經調解、具國際性及商事性等要件，且具備公約所要求之形式要件，MSA當事人原則上即可請求締約國主管機關執行MSA。雖然我國非聯合國會員國而無法簽署新加坡調解公約，然而，在此公約底下，我國投資人即便在臺灣進行調解，如MSA符合公約所訂的適用要件，仍可向公約締約方法院申請執行MSA。

---

[6] 例如，我國「民事訴訟法」第416條第1項規定：「調解經當事人合意而成立；調解成立者，與訴訟上和解有同一之效力。」第380條第1項規定：「和解成立者，與確定判決有同一之效力。」

[7] 吳必然（2019），〈初探新加坡調解公約及其對我國的啟示〉，《仲裁季刊》，109期。

[8] 即新加坡、斐濟、卡達、白俄羅斯、沙烏地阿拉伯及厄瓜多。

[9] UNCITRAL, Status: United Nations Convention on International Settlement Agreements Resulting from Mediation, available at: https://uncitral.un.org/en/texts/mediation/conventions/international_settlement_agreements/status (last visited: 2020/10/18).

五、爭端解決方式之選定

前述三種爭端解決方式各有優缺點（請見表8-1），投資人要選擇何種爭端解決途徑，端視各投資交易內容、投資地司法制度是否健全、有無維持當事人間關係之需求、對各爭端解決方式之熟悉度而定。以ADR為例，運用仲裁或調解等ADR處理紛爭，主要係利用此等機制迅速、收費低廉及得以維繫當事人間之關係與連結因素等特性與優點。相較於傳統以訴訟解決爭議，仲裁或調解機制更能直接貼近當事人的利益，並能以近乎「訂作」（tailor made）的方式及程序來解決爭端[10]。

表8-1　訴訟／仲裁／調解比較（資料來源：作者自製）

	訴訟	仲裁	調解
程序啓動	未約定仲裁或調解先行者，任一方均得提起訴訟	當事人合意，即需先有「仲裁協議」。	當事人合意，即需先有「調解協議」。
專業知識	法律專業	各行業專門知識	各行業專門知識
對立性	兩造對立	較為和諧	較為和諧
時間	程序冗長	較為迅速	較為迅速
程序保密	程序公開	程序保密	程序保密
救濟	三級三審	一審終結	調解不成，得改行訴訟或仲裁
執行	確定終局判決具執行力	經法院為執行裁定，具執行力	MSA性質上屬契約，原則上無法作為執行名義

另外，在準據法及管轄法院／仲裁地之選擇上，跨國投資人不妨在簽署投資契約時，依交易對手之營業地、履約地點等交易安排，及未來請求損害賠償時，交易對手之財產所在地等強制執行因素，選定準據法及程序進行地點。且基於程序進行之便利性，準據法及管轄法院／仲裁地宜為同一國家，以避免法官／仲裁人因不瞭解他國法令，當事人須耗費龐大的人力、物力、準備書狀向法官／仲裁人說明準據法。

在近期的跨國投資交易實務中，亦有投資人採用「複合式爭端解決條

---

[10] 李紀宏，同註2，頁97。

款」（multi-tiered dispute resolution clause），將調解作為訴訟或仲裁之先行程序。各國際仲裁機構亦紛紛提出「先調解後仲裁」之示範條款[11]。

伍、結語：跨境投資風險高，交給專業人士預先評估

一般而言，跨國投資所涉及的交易安排、時間規劃及所應取得的主管機關核准及所適用的法令規範等，都較境內投資複雜許多。因此，投資人應提高風險意識、保持警覺及隨時做好萬全準備。在進行跨國投資前，通常會委任律師、會計師等專業人士給予協助，就投資相關法令、投資標的之營運狀況等進行詳盡分析，依個案情形設計投資契約，規劃爭端防免及爭端解決條款，如未來不幸發生投資爭議，將可以投資人最熟稔的爭端解決方式、最方便的地點，解決投資爭端，以確保投資人權益。

---

[11] 例如，CAA之先調後仲條款為「任何由本合約所生或與本合約有關之爭議，得提交中華民國仲裁協會爭議調解中心，依該中心之調解規則於＿＿＿＿＿＿（台北／台中／高雄（請選一地））以調解解決之。若該爭議經由調解，仍無法解決，雙方同意該爭議應提交中華民國仲裁協會，依中華民國仲裁法及該協會之仲裁規則於＿＿＿＿＿＿（台北／台中／高雄（請選一地））以仲裁解決之。」

仲裁準據法與仲裁救濟程序實務問題研究

謝文欽、李珮禎、黃子容

壹、前言

　　隨著國際商務的發展越發蓬勃，國際商務紛爭的解決途徑也越發多元。仲裁，在具備迅速、專業及秘密的特性下，成為當今最受歡迎的紛爭解決方式之一。而臺灣處於四面環海的地理位置，是一個以對外貿易為導向的國家，根據世界貿易組織最新公布2019年之全球商品統計，我國出口總值為3,292億美元，占全球總出口值18.9兆美元之1.7%，世界排名第17[1]；我國進口總值2,857億美元，占全球總進口值19.2兆美元之1.5%，世界排名亦為第17名[2]。在高度仰賴國際貿易及考量國際間國家主權的情況下，我國亦跟隨國際潮流，致力發展仲裁制度，以更有效地解決紛爭。

　　國內最早關於仲裁救濟制度之法律為商務仲裁條例，為了能使我國仲裁制度與國際接軌，我國於1998年6月廢止商務仲裁條例並改訂為仲裁法，當時立法重點之一即為擴大外國仲裁判斷的範圍，增訂「在中華民國領域內依外國法律作成之仲裁判斷」，為外國仲裁判斷之規定。即我國領域內以「外國法律」作成的仲裁判斷，也會被認定是外國仲裁判斷。原本立法之本意係為與國際接軌，並解決過往實務上對於在國內非依我國商務仲裁條例作成之仲裁判斷，認為非內國仲裁判斷，亦非外國仲裁判斷，因而無法獲得承認及執行的困境[3]。

財政部統計處，財政統計通報，第7號，2020年4月9日，http://service.mof.gov.tw/public/Data/statistic/bulletin/109/%E7%AC%AC7%E8%99%9F_2019%E5%B9%B4%E5%85%A8%E7%90%83%E8%B2%BF%E6%98%93%E6%8E%92%E5%90%8D.PDF（最後瀏覽日：2020/12/1）。

同前註。

立法院，2015年11月13日仲裁法第47條修正理由，https://lis.ly.gov.tw/lglawc/lawsingle?000A3A394D14000000000000000014000000004000000^01807104111300^0003C001001（最後瀏覽日：2020/12/1）。

　　然而，前述修法雖解決在國內非依我國商務仲裁條例作成仲裁判斷的承認以及執行問題，但我國部分實務對「外國法律」、外國仲裁判斷的解釋，恐凸顯我國對於仲裁準據法[4]認識不足，不僅將導致仲裁程序之進行無法得到司法之協力，也可能造成仲裁救濟程序之不明，對此，本文將探討仲裁準據法之概念以及仲裁救濟程序——撤銷仲裁判斷程序之問題，以避免實務之做法反而與仲裁法「與國際接軌」之立法目的背道而馳。

貳、仲裁判斷準據法

一、仲裁程序準據法概述

(一) 仲裁程序準據法之涵義

　　仲裁程序準據法與仲裁所涉實體契約之準據法不同，仲裁程序準據法係指仲裁程序所應遵循之法律。仲裁程序事項包括仲裁人之資格、選任、義務及迴避、仲裁庭之組成、權限、仲裁地、語言之決定、仲裁相關文書之送達、證據能力、關聯性、證明力、仲裁判斷作成之程序、仲裁機構、當事人、其他關係人（如代理人、證人）應遵循之規則。為了讓仲裁有序進行，仲裁程序需受到仲裁程序準據法規範及仲裁規則規範，而仲裁規則，無論是由當事人約定、仲裁機構訂定或仲裁庭決定，皆受制於仲裁程序之準據法。

(二) 仲裁地與仲裁程序準據法

　　國際間一般是以仲裁地法為仲裁程序之準據法（lex arbitri，下稱「仲裁準據法」），除非當事人明確排除仲裁地法之適用，否則各國制定之仲裁法原則上會適用於仲裁地在該國領域之仲裁事件。這也使仲裁地與仲裁準據法息息相關，並對於仲裁程序具有重大影響力。仲裁地之擇定，通常意味著該地對於仲裁有關紛爭之司法管轄權[5]，因此，仲裁地法院對於仲裁判斷之撤銷，具有管轄權[6]。由於仲裁地在國際商事仲裁具有上述

---

[4]　按本文所指仲裁準據法係指仲裁程序準據法，詳後述。
[5]　Stephan Balthasar (ed.), International Commercial Arbitration, 2016, pp. 7-8.
[6]　Stephan Balthasar (ed.), International Commercial Arbitration, 2016, p. 34.

重要性，當事人通常會考慮某一國家法院之效率及信賴度，於仲裁契約中合意擇定仲裁地[7]。

以聯合國國際商務仲裁模範法（UNCITRAL Model Law on International Commercial Arbitration，下稱「模範法」）為例，模範法第19條規範：「除本法另有規定外，當事人得自行約定仲裁庭進行仲裁時所應遵循的程序。當事人無約定時，除本法有特別規定外，仲裁庭得依其認為適當的方式進行仲裁程序。」

我國仲裁法亦參考聯合國模範法，於第19條明文規範：「當事人就仲裁程序未約定者，適用本法之規定；本法未規定者，仲裁庭得準用民事訴訟法或依其認為適當之程序進行。」並於第20條亦明文規定，當事人得以合意決定仲裁地，當事人無特別規定者，則由仲裁庭定之。

(三) 仲裁準據法與仲裁程序規則

仲裁程序規則，通常係仲裁機構制定之規則，以國際商會仲裁規則（下稱「ICC仲裁規則」）為例，The Secretariat's Guide to ICC Arbitration（下稱「ICC秘書處準則」）對於ICC仲裁規則之適用以及仲裁準據法有詳細說明，並明白揭示仲裁準據法為仲裁地之仲裁法，仲裁之國籍依仲裁地決定之[8]。

其中，ICC秘書處準則第3-745段明確指出：「ICC仲裁規則第21條第1項至第3項完全與仲裁準據法無關。事實上，ICC仲裁規則中沒有任何條文在規範程序準據法。**幾乎所有的案件中，仲裁準據法就是仲裁地適用於國際或國內之仲裁法，當仲裁當事人或法院決定仲裁地之後，即會自動**

7　Stephan Balthasar (ed.), International Commercial Arbitration, 2016, p. 7.
8　國際商會國際仲裁院秘書處（The Secretariat of the ICC International Court of arbitration）就ICC仲裁規則之適用製作ICC秘書處準則，該準則就ICC仲裁規則之適用、仲裁準據法以及仲裁判斷之國籍提出明確之說明：
　1. 第3-674段：「仲裁地決定仲裁程序需適用之法律。」、「仲裁程序需適用之法律又稱為仲裁準據法（the lex arbitri）（原文為：「the place of arbitration determines the law governing the arbitration proceedings.」、「The law governing the arbitration proceedings is often called the lex arbitri.」）。
　2. 第3-675段：「仲裁地決定仲裁之國籍」（原文為：「the place of the arbitration will determine the "nationality" of an arbitral award」）
　3. 第3-722段：「仲裁當事人及仲裁庭需遵守仲裁地任何關於仲裁之程序法強制規定（見第3-771至773段），若違背仲裁地關於仲裁程序之強制規定可導致仲裁判斷被撤銷。」（原文為：the parties and the arbitral tribunal must respect any mandatory rules of procedure at the place of the arbitration that are applicable to international arbitrations (see paragraphs 3-771-3-773). Failure to do so may lead to the award being set aside.）

適用程序準據法。[9]」此外，ICC秘書處準則亦特別註明仲裁規則（包括ICC仲裁規則、聯合國國際貿易法委員會仲裁規則在內之仲裁規則等），皆不構成法律，而僅有契約的拘束力。由此可知，ICC仲裁規則並非仲裁準據法，ICC仲裁案件係以仲裁地之仲裁法爲仲裁準據法，並以仲裁地決定仲裁之國籍。

此外，於英國判例Paul Smith Ltd. v. H & S International Holding Co. Inc.一案中，兩造當事人約定依ICC仲裁規定由一名或數名仲裁人進行仲裁，並約定合約以英文作成，適用英國法。在此判例中，對於仲裁準據法（lex arbitri）有詳細詮釋如下：「**仲裁準據法（the law governing the arbitration）不應與下述三者相混淆：1.實體契約之準據法（適當法）；2.仲裁協議之準據法；3.仲裁程序規則，上開三類事項係取決於當事人之決定。**」、「至於仲裁準據法……係一套規範而設定仲裁協議之外部準則及當事人意願，以進行仲裁。仲裁準據法包括暫時救濟之規則（例如，法院對貨物的保存或儲存的命令），授與法院採取支持措施以協助進行困難之仲裁（例如仲裁庭出缺之塡補），以及規範法院對仲裁之監督權限（例如，於仲裁人有不當行爲時之撤換）[10]」。

國際上，如英國著名案例SULAMÉRICA CIA NACIONAL DE SE-

9　ICC秘書處準則第3-745段：it is essential to understand that in an international arbitration several different laws may be relevant. These include:

  1.　Procedural law (often called the lex arbitri or law governing the arbitration). Articles 21(1)-21(3) are irrelevant to the determination of the procedural law applicable to the arbitration. In fact, no provision of the Rules expressly mentions the applicable procedural law. In the vast majority of cases, that law will be the law applicable to international or domestic arbitration, as the case may be, at the place of arbitration ... a given procedural law applies automatically as a consequence of the parties' or the Court's determination of the place of the arbitration ...

  2.　Rules of arbitration. Rules of arbitration, including institutional rules such as those of the ICC and non-institutional rules such as the UNCITRAL Arbitration Rules, do not constitute law. They are included in the present list for illustrative purposes only, and to distinguish them from the procedural law. Rules of arbitration are considered to have contractual force ...

10　The law governing the arbitration is not to be confused with (1) the proper law of the contract, (2) the proper law of the arbitration agreement, or (3) the procedural rules which will apply in the arbitration. These three regimes depend on the choice, express or presumed, of the parties.

  What then is the law governing the arbitration? It is ... a body of rules which sets a standard external to the arbitration agreement, and the wishes of the parties, for the conduct of the arbitration. The law governing the arbitration comprises the rules governing interim measures (e.g. Court orders for the preservation or storage of goods), the rules empowering the exercise by the Court of supportive measures to assist an arbitration which has run into difficulties (e.g. filling a vacancy in the composition of the arbitral tribunal if there is no other mechanism) and the rules providing for the exercise by the Court of its supervisory jurisdiction over arbitrations (e.g. removing an arbitrator for misconduct).

GUROS S.A. v. ENESA ENGENHARIA S.A.中，針對約定使用ARIAS仲裁規則並於英國進行之仲裁，法院亦清楚指出：「正如當事各方必須知道的，**選擇另一個國家作為仲裁地，將不可避免地意味著接受該國家關於仲裁的進行、監督之法律將適用於該仲裁程序**。因此，即使本案中的仲裁協議未特別提及『1996年仲裁法』（即英國仲裁法）的規定，雙方也必須預見並預期其規定適用於仲裁……」[11]此亦為德國之實務與通說見解所支持。由此可見，仲裁準據法與仲裁程序應適用之程序規則，不可等同視之。

　　國內訴訟法學者亦指出，仲裁準據法應限於某一國家之仲裁法，而不包括外國仲裁機構所定之仲裁程序規則，或國際組織所建議之程序規則（如聯合國模範法）。當事人固然得合意以某一仲裁機構之仲裁規則作為程序事項之約定，但此為第二位階之法規範，即當事人合意之程序規則，仍有其上位階之某一國家之仲裁法為仲裁準據法[12]。

二、本國與外國仲裁判斷之界定

　　本國與外國仲裁判斷之界定，會因各國採用「領域說」或「準據法說」而有所不同。其中，「領域說」是指只要是在外國領域進行仲裁，不論仲裁所適用之程序法為何，皆屬外國仲裁；而「準據法說」則是指如果仲裁程序是依照外國仲裁法，則縱使仲裁是在國內進行，仍會被認定是外國仲裁。

(一) 國際間以「領域說」為主流

　　模範法第1條第3項明確定義仲裁符合以下情形之一時為「國際仲裁」：第一，仲裁契約當事人之營業所，於訂立契約時，在不同的國家；第二，下列地點之一在當事人營業所所在地國以外：仲裁契約中約定或根

---

[11] 「As the parties must have been aware, the choice of another country as the seat of the arbitration inevitably imports an acceptance that the law of that country relating to the conduct and supervision of arbitrations will apply to the proceedings. Accordingly, even though the arbitration agreement in this case does not specifically refer to the provisions of the Arbitration Act 1996, the parties must have foreseen and intended that its provisions should apply to any arbitration ...」

[12] 沈冠伶（2019），〈仲裁準據法、仲裁地與外國仲裁判斷之界定〉，《臺灣法學雜誌》，373期，頁46。

據仲裁契約確定之仲裁地，或履行商務關係的大部分債務的地點或爭議標的關係最密切的地；或第三，當事人明示確認其仲裁契約之標的與一個以上的國家有關[13]。

而自1958年生效，目前共有165國簽署國（包括美國、英國、德國、日本、韓國、新加坡等）[14]之外國仲裁判斷之承認及執行公約（Convention on the Recognition and Enforcement of Foreign Arbitral Awards，下稱「紐約公約」），為國際仲裁實務上重要之國際公約。紐約公約即在第1條對於外國仲裁（foreign arbitration）定義為「在被請求承認及執行國以外國家領域內所作成之仲裁判斷」或「被請求承認及執行國不認該仲裁判斷為內國判斷者[15]」。

綜上，國際間之重要模範法及公約以「領域說」作為判斷是否為「國際仲裁」或「外國仲裁」的重要因素，盡可能涵蓋所有為尋求承認或執行地國以外地區所為之仲裁判斷，至於仲裁所適用之程序法為何，並不重要[16]。近年來，「領域說」已為國際間之主流，過去採「準據法說」的德國、法國，分別在1998年及1981年，為與國際接軌及法明確性之目的下，改採「領域說」[17]。

(二) 我國兼採「領域說」與「準據法說」

仲裁法第47條第1項規定：「在中華民國領域外作成之仲裁判斷或在中華民國領域內依外國法律作成之仲裁判斷，為外國仲裁判斷」，依文義解釋，以下兩種情形的仲裁判斷，會被認定是「外國仲裁判斷」：第一，在我國領域外作成之仲裁判斷；或第二，在中華民國領域內依外國法律作成之仲裁判斷。於判斷是否會落入第二種仲裁判斷的情形，則會因「外國法律」之定義而有所差異。

仲裁法兼採「領域說」及「準據法說」雖解決我國實務上對於在國內

---

[13] 參考黃正宗譯，〈聯合國國際貿易法委員會國際商務仲裁法〉，http://www.arbitration.org.tw/upload/down/uncitral.pdf（最後瀏覽日：2020/10/30）。

[14] Contracting States, New York Arbitration, http://www.newyorkconvention.org/countries.

[15] 此立法是為了避免部分國家因採取準據法說而導致外國仲裁判斷不被承認的狀況，以確保涵蓋所有範圍之外國仲裁判斷。參考沈冠伶，同註12，頁42。

[16] 沈冠伶，同註12，頁43。

[17] 沈冠伶，同註12，頁43。

非依我國仲裁法作成之仲裁判斷，認為非內國仲裁判斷，亦非外國仲裁判斷，因而無法獲得承認及執行的困境。但這樣的立法與國際間以領域說之主流立法恐已不符，我國訴訟法學者即指出，如一仲裁判斷雖其仲裁地在我國卻因當事人選擇A國仲裁法而被認定為外國仲裁判斷，當該仲裁判斷無法在我國法院提出撤銷仲裁判斷訴訟時，亦會因A國採「領域說」而認其無國際審判管轄，導致該仲裁判斷不受任一國家之監督的窘境，當事人因此無法獲得任何法院之救濟[18]。另外，對於準據法欠缺正確之認識，將在我國進行之國際仲裁，錯誤認為係外國仲裁判斷，亦恐導致仲裁程序不受我國司法主權之管轄。

既然我國兼採「準據法說」，自須仲裁判斷之「仲裁準據法」係外國法，而非本國法者，始屬外國仲裁判斷。而依前揭有關仲裁準據法之討論，除非當事人明確排除仲裁地法之適用，否則應以仲裁地法為仲裁程序之準據法，因此，仲裁法第47條第1項所謂「在中華民國領域內依外國法律作成之仲裁判斷」當係指當事人約定以外國法律為仲裁準據法之情形，否則，在我國進行之仲裁判斷，無論其仲裁之機構為何（亦即不論係我國仲裁協會或其他國際仲裁機構），其仲裁準據法即為我國法，仲裁程序之進行應受我國法之規範以及我國法院之監督，自亦非屬外國仲裁判斷。

在領域說之下，認定仲裁判斷之國籍並不困難，然而在準據法說之下，即易產生困擾，尤其仲裁法第47條第1項所謂「在中華民國領域內依『外國法律』作成之仲裁判斷」，此之「外國法律」，在解釋上應與國際潮流一致，限於某一國家之仲裁法，而不包括外國仲裁機構所定之仲裁程序規則，或國際組織所建議之程序規則（如聯合國模範法）。當事人固然得合意以某一仲裁機構之仲裁規則作為程序事項之約定，但此為第二位階之法規範，即當事人合意之程序規則，仍有其上位階之某一國家之仲裁法為仲裁準據法。[19]

因此，倘若主張仲裁法第47條第1項規定「外國法律」包括國際仲裁機構之仲裁程序規則者，進而將在我國領域由國際仲裁機構（如國際商

[18] 沈冠伶，同註12，頁43-44。
[19] 沈冠伶，同註12，頁43。

會）或中華民國仲裁協會依據國際組織建議之程序規則（如聯合國模範法）作成之仲裁判斷，逕行認定為外國仲裁判斷者，恐怕係出於對仲裁準據法之錯誤認知所致。

參、外國仲裁判斷認定與救濟程序之實務問題

一、在我國領域內由國際仲裁機構或依國際仲裁規則作成之仲裁判斷，是否即為外國仲裁判斷？

如前所述，仲裁法第47條第1項規定：「在中華民國領域外作成之仲裁判斷或在中華民國領域內依外國法律作成之仲裁判斷，為外國仲裁判斷」，其立法理由指出此立法係兼採「準據法說」。換言之，其立法之本意在於，即使在我國進行之仲裁，倘若其「仲裁準據法」為「外國法律」者，始為外國仲裁判斷。換言之，倘若仲裁判斷之「仲裁準據法」為我國法者，即無認定其為外國仲裁判斷之餘地。

然而，我國實務對於認定外國仲裁判斷，或因欠缺對於「仲裁準據法」之正確認知，或未探討、判斷「仲裁準據法」為何，即驟然認定為外國仲裁判斷之情形，例如臺灣新北地方法院105年度仲許字第1號民事裁定：「聲請人係全球電腦企業軟體及軟體服務之供應商，相對人為向聲請人購買軟體及軟體服務，兩造簽訂『SAP oftwareEnd-User Value License Agreement』（SAP軟體終端用戶授權合約；下稱授權合約）……，兩造並於授權合約第11條為仲裁之協議，約定『……任何因本合約或違反本合約所致之爭議或主張，應在臺灣依據國際商會之和解與仲裁規則進行仲裁，且仲裁人所做出之仲裁判斷得由具管轄權之任何法院以判決執行』」，法院裁定理由未經論述即認定：「前開仲裁判斷，係依授權合約第11條約定，在臺灣依據國際商會之和解與仲裁規則作成，屬於仲裁法第47條所規定『在中華民國領域內依外國法律作成』之外國仲裁判斷」。

該案法院之所以認定該仲裁判斷為外國仲裁判斷，係因該仲裁判斷係在臺灣「依據國際商會之和解與仲裁規則作成」，依照仲裁法第47條第1項規定，屬外國仲裁判斷，亦即，該裁定似認為該仲裁準據法係「國際商

會之和解與仲裁規則」。然而，依據前開有關仲裁準據法之介紹，以及國際商會秘書處準則之說明，「國際商會之仲裁規則」並非仲裁準據法。事實上，如同前開對仲裁準據法之介紹，除非當事人另有約定，仲裁準據法即係仲裁地之仲裁法，當仲裁當事人或法院決定仲裁地之後，即會自動適用該國仲裁法作為程序準據法。因此，國際商會在我國進行之仲裁，其仲裁準據法即為我國法，應受到我國仲裁法之規範。

前揭新北地院裁定之理由所謂「前開仲裁判斷，係依授權合約第11條約定，在臺灣依據國際商會之和解與仲裁規則作成，屬於仲裁法第47條所規定『在中華民國領域內依外國法律作成』之外國仲裁判斷」，並未具體探討「仲裁準據法」為外國法或本國法，恐因對「仲裁準據法」之認識不足，或係對於仲裁法第47條第1項之錯誤解釋，實有檢討之必要。

或有謂，仲裁法第48條第1項規定：「外國仲裁判斷之聲請承認，應向法院提出聲請狀，並附具下列文件：一、仲裁判斷書之正本或經認證之繕本。二、仲裁協議之原本或經認證之繕本。三、仲裁判斷適用外國仲裁法規、外國仲裁機構仲裁規則或國際組織仲裁規則者，其全文。」其中第3款「外國仲裁機構仲裁規則」可知倘若仲裁判斷係依據外國仲裁機構規則作成者，即屬外國仲裁判斷云云。然此等論述恐怕同樣陷於對於仲裁準據法欠缺正確之認識，而且有倒果為因之謬誤，蓋仲裁法第48條上開規定，係接續仲裁法第47條規定，為確定外國仲裁判斷所依據之仲裁法規、仲裁規則之內容，並進一步判斷仲裁程序之進行是否有違背仲裁法規、仲裁程序規則之情事，是否有依同法第50條駁回其承認之聲請之可能，而非因此即將仲裁機構規則與仲裁準據法混為一談。

二、在我國領域內由國際仲裁機構或有適用國際仲裁規則之仲裁判斷，是否得向我國法院提起撤銷仲裁判斷之訴？

對「仲裁準據法」與「仲裁程序規則」混淆，可能出於係對仲裁法第47條之規定及立法意旨有所誤認外，其結果將連帶影響仲裁當事人後續在我國尋求撤銷仲裁判斷之救濟。而在國際仲裁實務，仲裁機構以及仲裁地之選擇眾多，當事人可能約定由國際仲裁機構（如國際商會仲裁院）在

臺灣進行仲裁，也可能約定由中華民國仲裁協會在臺灣依據當事人約定之規則進行仲裁（仲裁法第19條），在仲裁實務多變之情形下，對於仲裁準據法以及仲裁後之救濟程序，應有更清楚正確之認識。

(一) 仲裁法有關撤銷仲裁判斷之對象

我國仲裁法於1998年修訂時，於第五章規定「撤銷仲裁判斷之訴」（第40條至第43條），另外則於第七章則規定「外國仲裁判斷」（第47條至第51條），兩者規範之範圍及目的實有所不同。

仲裁法第40條第1項規定：「有下列各款情形之一者，當事人得對於他方提起撤銷仲裁判斷之訴：……」。第42條第1項則規定：「撤銷仲裁判斷之訴，得由仲裁地之地方法院管轄」。仲裁法第47條規定：「在中華民國領域外作成之仲裁判斷或在中華民國領域內依外國法律作成之仲裁判斷，爲外國仲裁判斷。外國仲裁判斷，經聲請法院裁定承認後，於當事人間，與法院之確定判決有同一效力，並得爲執行名義」。有問題者，除了前述仲裁準據法之認定外，撤銷仲裁判斷之訴之對象，是否包括外國仲裁判斷，尤其是在中華民國領域內依外國法律作成之仲裁判斷？

仲裁法第47條之立法理由指出：「鑑於目前實務上對於在中華民國領域內非依我國商務仲裁條例作成之仲裁判斷，認爲非內國仲裁判斷，亦非外國仲裁判斷，因而無法獲得承認及執行，爲使類此仲裁判斷有所定位，並使我國仲裁制度邁向國際化，爰於第一項增訂在中華民國領域內，依外國法律作成之仲裁判斷爲外國仲裁判斷，俾資明確。至於不同國籍之人在中華民國領域內，依當事人自行約定之程序，所爲之仲裁判斷，屬內國仲裁判斷之範圍」。

由此可見，仲裁法第47條規範之主要意旨在於：第一，使「在中華民國領域內非依我國商務仲裁條例作成之仲裁判斷」得以獲得承認及執行；第二，不同國籍之人在中華民國領域內，依當事人自行約定之程序所爲之仲裁判斷，仍屬內國仲裁判斷之範圍。換言之，仲裁法第47條係規範僅係爲決定是否得依仲裁法第48條至第50條規定予以承認及執行，與涉外仲裁是否得依我國仲裁法規定，於我國法院提起撤銷仲裁判斷之訴，尚屬二事。

國內有學者曾認為撤銷仲裁判斷之訴之對象，不包括外國仲裁判斷，其主要理由在於「從仲裁法第七章章名『外國仲裁判斷』之規定及仲裁法第40條第1項各款之內容依中華民國仲裁法為論據之情形以觀……仲裁法第五章『撤銷仲裁判斷之訴』所規定者，係以『本國仲裁判斷』為對象，並不包括領域說之『外國仲裁判斷』及準據法說之『外國仲裁判斷』」[20]。然其理由似不夠充分，且以仲裁法章節觀之，仲裁法之章節為「第一章仲裁協議、第二章仲裁庭之組織、第三章仲裁程序、第四章仲裁判斷之執行、第五章撤銷仲裁判斷之訴、第六章和解與調解、第七章外國仲裁判斷、第八章附則」，雖然撤銷仲裁之訴與外國仲裁判斷規定於不同章節，然而關於法院協力與監督之相關規定，例如仲裁法第9條、第13條、第17條、第26條、第28條、第41條等規定，非僅適用於內國仲裁判斷，亦適用於外國仲裁判斷，故自立法體系觀之，並無法得出撤銷仲裁之訴僅限於內國仲裁之結論。

更有問題的是，如果將在臺灣由國際仲裁機構（如國際商會）作成之仲裁判斷，認為屬於仲裁法第47條所規定「在中華民國領域內依外國法律作成」之外國仲裁判斷者（如前揭新北地院裁定），且撤銷仲裁判斷之訴之對象，不包括外國仲裁判斷者，則可能導致該仲裁判斷之當事人無法向我國法院提起撤銷仲裁判斷之訴以為救濟，如此一來，將使此類仲裁判斷無法受到法院之監督，不但有損我國司法主權，亦將剝奪人民之訴訟基本權。

因此，國內訴訟法學者即指出：「當事人如約定仲裁地在臺灣，但未明白約定以某一國家之仲裁法為仲裁準據法，而僅約定適用國際組織仲裁規則或國際仲裁機構仲裁規則時，基於仲裁地於國際仲裁實務上具有之重要機能，應以仲裁地國（即臺灣）之仲裁法為仲裁準據法，據此所為之仲裁判斷，為內國仲裁判斷，而非外國仲裁判斷。受不利判斷之當事人，如主張系爭仲裁判斷有仲裁法第40條之撤銷仲裁判斷事由，應得依仲裁法第41條規定，於仲裁地即臺灣之地方法院，提起撤銷仲裁判斷之訴，使我國法院得以發揮監督仲裁制度之機能，並避免發生國際審判管轄權之消

[20] 林俊益（1999），《論撤銷仲裁判斷之訴》，《商務仲裁》，52期，頁2。

極衝突。退萬步言，即使認為係外國仲裁判斷，但於有權限消極衝突之情形，基於法治國原則，應承認我國法院具有緊急管轄權，而有撤銷仲裁判斷訴訟之國際審判管轄權」[21]。此等論述應符合仲裁法之立法意旨以及仲裁法理，並與國際仲裁法制接軌，不致背離。

(二) 國內實務問題探討

　　我國實務上有關之案例不多，因此相關之討論實有所不足，臺灣臺北地方法院88年度仲訴字第8號民事判決曾認為：「仲裁法第四十條所稱撤銷仲裁判斷之訴之對象，鑑於仲裁法第七章另設章名為『外國仲裁判斷』，另設有拒絕承認及執行外國仲裁判斷之事由，而仲裁法第五章『撤銷仲裁判斷之訴』係承接前四章之『仲裁協議』『仲裁庭之組織』『仲裁程序』『仲裁判斷之執行』等而為規定，是故仲裁法第四十條所定撤銷裁判斷之訴所規定者，應以『本國仲裁判斷』為對象，至於外國之仲裁判斷之撤銷，非仲裁法第四十條所規範，應依該仲裁判斷所牽連之準據法規定而定之」。

　　然國內有法官為文指出：「涉外民事事件，應先確認其國際裁判管轄權，再由管轄法院依內國選法規則決定應適用之準據法。就涉外仲裁而言，除強制仲裁外，仲裁機關固係當事人所合意選擇者，但仍有選法問題。一般而言，涉外仲裁之準據法，大致分為：一、仲裁協議本身之準據法（the law governing the arbitration agreement）；二、仲裁程序應適用之準據法（the lex arbitri）三、仲裁實體判斷應適用之準據法（the lex causae, the law applicable to the merits of the dispute）。」、「一、仲裁法第47條第1項固規定在外國舉行之仲裁或在臺灣依外國法作成之仲裁判斷為外國仲裁判斷，但在此對外國仲裁判斷加以立法定義之目的，係為決定是否得依同法第48至50條規定予以承認及執行，而紐約公約第1條第3項對於國際仲裁定義之目的，亦在於承認與執行外國仲裁判斷。惟本文在此定義仲裁涉外因素之目的，則係為區別有無選法之必要，因此定義『外國仲裁判斷』與『仲裁之涉外因素』，目的既有不同，內涵隨之而異，在

---

[21] 同註17，頁55。

此所謂之涉外仲裁，並無追隨仲裁法第47條第1項或紐約公約第1條第3項規定之必要」；「撤銷仲裁判斷事由，乃係基於法庭地之公序良俗或公共政策，故法庭地法應有強制性，而具公法性質，對於法官應有拘束力，故應以法庭地法爲撤銷仲裁判斷事由之準據法。」[22]由此可知，仲裁法第47條第1項之規定，僅係爲決定是否得依仲裁法第48條至第50條規定予以承認及執行，與涉外仲裁是否得依我國仲裁法規定，於我國法院提起撤銷仲裁判斷之訴，應屬二事，不應混爲一談。

再者，有認爲在我國領域內由國際仲裁機構或依照國際仲裁規則所作成之仲裁判斷，其得藉由承認程序加以救濟，因此無須允其在我國提起撤銷仲裁判斷之訴。惟查，承認仲裁判斷與撤銷仲裁判斷乃兩種救濟、司法監督之途徑，前者爲積極之監督與救濟，後者則爲消極之監督，不論是聯合國商務仲裁模範法或是各國之立法例，皆同時有這兩種救濟及監督方式，兩者必非互斥之關係。況且，對於在我國境內作成之仲裁判斷，倘若一方並未請求承認仲裁，則是否即不得允許提出撤銷仲裁之訴以爲救濟？足見此等理由並不足採。再者，因國際上大多國家皆採領域法說，一旦我國法院錯誤認定在我國領域內進行由國際仲裁機構或適用國際仲裁規則之仲裁皆爲外國仲裁、且外國仲裁不得於我國提起撤銷仲裁之訴者，將形成只要於我國作成之外國仲裁，皆可逸脫司法機關監督，並剝奪人民救濟權利，成爲司法審查之眞空地帶，如此認定除違反憲法保障之人民之訴訟權，恐亦無助於我國與國際接軌，並可能使當事人在擇定仲裁地時，爲免日後遇到救濟上的困難，而不選擇我國爲仲裁地。

肆、結論

國際商務仲裁正扮演日益重要的紛爭解決機制，我國爲貿易大國，仲裁制度之國際化爲各界之共同目標，在國際仲裁爭端解決機制中，對於仲裁準據法、仲裁救濟之程序誠屬重要之核心問題。我國仲裁法雖經歷多次修法，其主要目標均爲與國際接軌，但在修法過程、立法技術以及實務之

---

[22] 伍偉華（2014），《涉外仲裁之準據法》，《仲裁季刊》，99期，頁1-3。

實踐上,似乎與國際仲裁制度仍有相當程度之落差,導致實務上法院對於仲裁法之解釋與適用,容有未盡之處。

　　本文嘗試就目前實務上對於外國仲裁判斷之認定與仲裁救濟程序之適用,提出淺見分析,希望藉由問題之發現與思考,以期增進對仲裁準據法以及仲裁救濟程序之瞭解,避免因錯誤認知而凸顯對仲裁制度之認識不足,反而造成我國仲裁制度以及實務之做法與國際脫軌,導致國內外民眾對我國仲裁制度之不信任,而延滯我國仲裁制度之發展。

　　所幸國內不乏知名學者陸續為文介紹仲裁準據法之正確概念,仲裁協會亦正推動仲裁法之修正,將與國際仲裁制度不符或語意不清使人誤會之處予以調整,相信我國建立與國際接軌且充分保障民眾權益之仲裁制度,應指日可待。

併購交易中之股東權益保護機制與爭議處理

姜萍、吳孟融

壹、前言

在激烈的現代化商業競爭環境中，企業如何能夠從中脫穎而出，除了商品本身的優劣以外，組織上的策略運用亦是重要手段，期能藉由組織成長的方式，以達到擴大經營規模，提升競爭力之目的。一般而言，企業的組織成長大致可分為內部成長（internal growth）與外部成長（external growth）[1]。前者為公司自行成長，透過研發或是設立子公司、分公司等自我累積的方式擴大公司規模；後者則是經由企業併購的方式來獲得公司原本缺乏的要素，進而迅速提升公司之競爭力。

內部成長有許多好處，它所提供的報酬通常最高，也是相對穩健的方式，不會產生像外部成長所衍生的文化差異或執行困難等問題[2]，但因內部成長的資金來源大多為公司以往所保留的盈餘，因此成長的規模及速度往往受到資金額度的限制，在商業競爭中可能有緩不濟急的缺點。再者，企業經營有許多要素，例如技術、市場或營業特許等公司所缺乏的特殊資源，可能無法經由自行成長而取得。相較而言，透過企業併購的外部成長方式，可以讓公司快速進入一個新市場，或帶來公司所需要的新資源[3]，具有成長速度快、規模大的優點；不過，以併購為手段也存在風險較大的缺點，加上併購交易中的當事人通常為對立的雙方或多方，各方都想在交易中以最小的成本獲得最大效益，因此常見無法達成共識而破局的情況。

---

[1] 參閱徐小波（1988），《合資事業法律問題之研究（二）》，台中：中興書局，頁5-6。

[2] 參閱J. Fred Weston and Samuel C. Weaver著，陳儀譯（2002），《企業購併——全方位評估並掌握當前M&A環境》，McGraw-Hill，頁155。

[3] 參閱 J. Fred Weston and Samuel C. Weaver，同註2，頁155。

即使是同一方當事人在面對企業併購時，公司的股東、董事、員工等不同成員，通常也有不同角度的利益考量，甚至產生利益衝突的情形，此時應以何者的利益為依歸？參照2015年修正後企業併購法第5條第1項規定「公司進行併購時，董事會應為公司之最大利益行之，並應以善良管理人之注意，處理併購事宜」，蓋董事係對「公司」而非「全體股東」負有忠實義務與善良管理人注意義務[4]，可知董事會於處理企業併購時，應以「公司之最大利益」為考量，而非僅是股東之利益。如公司之董事已盡善良管理人之注意義務，即使於實際執行併購後發現獲利未如預期，甚至發生損失，董事亦不因此負損害賠償責任，以鼓勵董事積極進取為公司及股東謀求最大利益，而不受事後的責任追究。

　　然而，畢竟股東是企業的所有者，併購涉及公司組織變動，甚至是公司之存滅，對於股東權益影響重大，要如何在併購交易中追求「公司最大利益」的同時保障股東權益，尤其是小股東或是反對併購的股東，實乃企業經營者的重大課題。

　　本文除了探討現行企業併購法及交易實務中所涉及股東權益保護的制度外，同時從訴訟的角度觀察實務運作之情形，來探討並提出相對應之爭議處理建議，冀能從事後爭議處理來找出事前預防的方式，以解決併購實務運作上所產生的問題，進而在兼顧股東權益保護下，達到鼓勵併購及活絡經濟之目標。此外，經濟部2020年10月7日預告企業併購法部分條文修正草案，修法方向之一即為強化股東權益之保護，故本文亦將一併介紹。

貳、股東權益之保護

　　早年人類生活以農業經濟為主，而在經歷十八、十九世紀的工業革命後，人類的社會結構開始由農業社會進入工業社會。商業的發展也在進入工業社會後突飛猛進，更經由公司法人格的創造，帶動資本市場的崛起，因此能刺激投資，快速地累積資本、擴張企業經營的規模，對經濟發展有

---

[4]　2015年企業併購法第5條第1項立法理由：「鑑於公司法第二十三條規定，董事係對『公司』而非『全體股東』負有忠實義務與善良管理人注意義務。按董事處理併購事宜與為公司執行業務之注意義務並無二致，爰修正第一項文字，以求體例之一貫。」

重大影響。

　　然而，資合性質的法人組織，為了符合資金運用的效益以及解決意見歧異的僵局，少數服從多數的表決制度相應產生，惟不論採用如何的決議門檻，在股東利益不一致的情況下，勢必無法兼顧所有股東的利益，可能發生大股東或是經營團隊為了自身利益而做出對於小股東較為不利的決議。因此法規乃設置關於股東權益保障的底線，避免大股東過度壓迫小股東，反而降低股東投資意願及商業經濟的發展。

　　我國企業併購法、公司法等關於股東的權益保障制度可以區分為併購前及併購後，事前的保障包括充分的資訊權，以及基於充分資訊及武器平等的情況下參與決議及投票的權利；事後的保障主要是異議股東的股份收買請求權，以及訴訟等救濟程序。

參、股東資訊權

　　企業併購法針對股東資訊權的保障，設有下列規定：

一、第5條第3項：「公司進行併購時，公司董事就併購交易有自身利害關係時，應向董事會及股東會說明其自身利害關係之重要內容及贊成或反對併購決議之理由。」

二、第6條：「公開發行股票之公司於召開董事會決議併購事項前，應設置特別委員會，就本次併購計畫與交易之公平性、合理性進行審議，並將審議結果提報董事會及股東會。但本法規定無須召開股東會決議併購事項者，得不提報股東會。

　　前項規定，於公司依證券交易法設有審計委員會者，由審計委員會行之；其辦理本條之審議事項，依證券交易法有關審計委員會決議事項之規定辦理。

　　特別委員會或審計委員會進行審議時，應委請獨立專家協助就換股比例或配發股東之現金或其他財產之合理性提供意見。

　　特別委員會之組成、資格、審議方法與獨立專家之資格條件、獨立性之認定、選任方式及其他相關事項之辦法，由證券主管機關定之。」

三、第7條：「公開發行股票之公司依本法應發送股東之併購文件屬下列之

一者，經公司於證券主管機關指定之網站公告同一內容，且備置於公司及股東會會場供股東索閱者，對於股東視為已發送：

一、依第二十二條第三項、第三十一條第七項、第三十八條第二項規定應附於股東會召集通知之合併契約、轉換契約或分割計畫之應記載事項、特別委員會或審計委員會審議結果及獨立專家意見。

二、依第十九條第二項、第三十條第二項或第三十七條第三項規定於董事會決議後，應附於對股東通知之合併契約、轉換契約或分割計畫之應記載事項、特別委員會或審計委員會審議結果及獨立專家意見。

公司董事會依第十八條第七項、第十九條第一項、第二十九條第六項、第三十條第一項、第三十六條第一項及第二項、第三十七條第一項為併購之決議，免經股東會決議且決議無須通知股東者，應於最近一次股東會就併購事項提出報告。」

上開規定無非為使股東獲得充分資訊，期能在公開透明的資訊揭露下，行使股東表決權，以作成最有利之併購決議。倘若公司未依上開規定踐行資訊揭露之程序，股東可能提起撤銷股東會決議之訴[5]，亦可能訴請公司之董事負損害賠償責任[6]。惟倘若公司已提供股東充足資訊，並經股東會決議通過併購案，應認為股東會決議為公司之最高意思決定，少數股東須尊重由多數股權所達成的決議，不得因自身利益未能獲得滿足而事後爭執該股東會決議之有效性。

由於董事在公司併購案進行中，為主要之提案者及執行者，倘若董事對於併購案具有自身利害關係，所為之併購決議，雖未必有害於股東權益，但難免有公平性與合理性上之質疑。為避免董事可能透過併購案圖謀自己利益，或僅考量到併購公司之利益而危害目標公司之利益[7]，故2015

---

[5] 最高法院107年度台上字第1834號民事判決參照。

[6] 最高法院99年度台上字第261號判決參照。

[7] 2015年企業併購法第5條第3項立法理由：「按公司董事在具有自身利害關係下所為之併購決議，雖未必有害於股東權益，但難免有公平性與合理性上之質疑。為健全公司治理，促使董事之行為更透明化以保護投資人之權益，爰參考美國德拉瓦州一般公司法第一百十四條之規定（筆者按：此應為德拉瓦州一般公司法第一百四十四條之筆誤），要求具有自身利害關係之董事，應向董事會及股東會說明利害關係之重要內容；為避免董事可能透過併購案圖謀自己利益，或僅考量到併購公司之利益而危害目標公司之利

年企業併購法修法增訂第5條第3項，規定董事就併購交易有自身利害關係時，應對董事會及股東會負說明義務。是以，董事於進行併購交易時，除追求公司最大利益以外，亦應注意自身對於併購交易是否有利害關係，如有，則應向董事會及股東會說明自身利害關係之重要內容及贊成或反對併購決議之理由。即使董事因有自身利害關係而於併購交易的決議中迴避討論及表決，然仍負有對董事會及股東會之說明義務。

　　企業併購法課予董事較重的說明義務，旨為保障股東之資訊權，立意良善，然而何謂「董事就併購交易有自身利害關係」，條文規定甚為抽象，實務上易生爭議，若擴大解釋，將導致董事負擔過大的風險及責任，進而影響董事於進行併購交易時，為公司及股東追求最大利益之判斷。筆者認為，企業併購法第5條第3項與公司法第206條第2項規定「董事對於會議之事項，有自身利害關係時，應於當次董事會說明其自身利害關係之重要內容」相似，其規範目的相同，均係為避免董事利用董事會議案以謀求私利，故關於何謂「董事就併購交易有自身利害關係」之判斷標準，最高法院107年度台上字第649號民事判決之見解「所謂董事『對於會議之事項，有自身利害關係』，乃指因該決議之表決結果，將立即、直接致特定董事取得權利或負擔義務，或喪失權利，或新負義務而言」或可供參考，以避免說明義務的適用範圍過度擴大，恐將導致併購成本的增加，以及事後爭端的產生。

肆、異議股東之股份收買請求權

　　就企業併購的事後保障機制而言，對於併購案有意見的股東除可循訴訟救濟外，另一項則是異議股東的股份收買請求權。

　　關於異議股東之股份買請求權，於公司法第186條、第187條、第316條之2、第317條，以及企業併購法第12條均有規定。股東可以表達對該議案之異議，並在嗣後議案仍通過的情形下，要求公司以公平價格買回其持股，達到退場之目的。由於公司法及企業併購法關於異議股東股份收買

益，藉由說明義務說明其同意與反對併購決議之理由，預先告知股東與其他利害關係人，供投資人謹慎評估投資之時機，俾保障股東權益。」

請求權之規定，有部分重疊，依據企業併購法第2條第1項規定「公司之併購，依本法之規定；本法未規定者，依公司法、證券交易法、公平交易法、勞動基準法、外國人投資條例及其他法律之規定」，在法規競合的情況下，應優先適用企業併購法之規定；企業併購法未規定者，則適用公司法之規定。

公司法對於異議股東行使股份收買請求權有一定之前提要件，例如：股東必須事前以書面通知公司反對該議案，而且要在股東會為反對之投票。雖然在企業併購法中已經放寬為股東得在開會前或開會中以書面或口頭表示異議，但股東仍需放棄表決之權利。實務上有不少股東疏忽此些要件，未依規定表示異議或放棄表決權，以至於喪失請求公司收買股份之權利。

其次，無論公司法第187條第1項、第316條之2第2項、第317條第3項準用第187條，或是企業併購法第12條第2項，均有規定異議股東行使股份收買請求權之法定期間及請求方式。參照企業併購法第12條第2項之立法理由明揭「按現行公司法第一百八十七條並無允許請求收買之股東於所定請求期間經過後仍得補正之規定，且本條各項規定與程序之進行，均與期日相關，因此，股東未依第二項規定之期間內，以書面提出請求、列明請求收買價格及交存股票之憑證者，係未完成請求之程式，其效果與未請求相同」等語，可知異議股東如未於法定期間依法定方式行使股份收買請求權，亦將會喪失權利，股東不可不慎。

異議股東依法行使股份收買請求權者，公司應與股東協議股份收買價格。按企業併購法第12條第5項以下規定，股東與公司間就收買價格達成協議者，公司應自股東會決議日起九十日內支付價款；倘若未達成協議者，公司應自股東會決議日起九十日內，依其所認為之公平價格支付價款予未達成協議之股東；公司未支付者，視為同意股東請求收買之價格。股東與公司間就收買價格自股東會決議日起六十日內未達成協議者，公司應於此期間經過後三十日內，以全體未達成協議之股東為相對人，聲請法院為價格之裁定。公司聲請法院為價格之裁定時，應檢附會計師查核簽證公司財務報表及公平價格評估說明書，並按相對人之人數，提出繕本或影本，由法院送達之。法院為價格之裁定前，應使聲請人與相對人有陳述意

見之機會。

　　相較於公司法之規定，企業併購法第12條對於異議股東行使股份收買請求權之保障更為周全，且明定由公司發動聲請法院為價格裁定之程序，聲請程序費用及檢查人之報酬，亦由公司負擔，以改善股份收買請求權行使過程冗長、股東成本過高、法院裁定價格歧異等缺失，並節省訴訟資源[8]。

　　實務上易生爭議者，係何謂「當時公平價格」之認定。依企業併購法第12條第11項準用非訟事件法第182條第1項、第2項規定，法院得選任檢查人就公司財務實況，命為鑑定；如為上櫃或上市股票，法院得斟酌聲請時當地證券交易實際成交價格核定之。有法院裁定見解認為，所謂「當時公平價格」應認以非訟事件法第182條第1項規定，選任檢查人鑑定為宜，惟應考量股利、保留盈餘等審酌股份價格之因素[9]。另有法院裁定見解認為企業併購法及公司法關於異議股東收買請求權，目的在於當大多數股東已依多數決原則就公司併購一事作成決定後，給予異議股東得有依決議當時公平價格取回其投資，而不參與公司併購之機會，因此異議股東之股份由公司收買之目的，不在使異議股東得因公司併購而取得利益或遭受損害，而僅係單純地客觀反映合併當時股票交易之合理權益，是以上開法文所指「當時公平價格」，係指股東會決議當日，該股票透過自由市場機制撮合、議定或其他交易方式所得之「實際成交價格」，而非「每股淨值」[10]。亦有法院裁定見解認為每股淨值，即每股帳面價值，其計算方式係將資產負債表上所列股東權益總額除以已發行股份總數所得出之每一股份之帳面價值，僅係該等資產之歷史成本，並不足以表彰各該資產於現在之實際價值，因此每股帳面價值，並非公司實際清算時可收回的金額，更不足以反映產業經營風險、獲利能力等重要因素，是以國內上櫃或上市公司之股價低於每股淨值者，所在多有，然而低於每股淨值之股價仍有其公信力，故依非訟事件法第182條第2項規定，如為上櫃或上市股票，法院

8　企業併購法第12條第6項立法理由參照。
9　臺灣臺中地方法院99年度聲字第21號裁定。
10　臺灣臺北地方法院107年度司字第189號裁定。

斟酌之公平價格，爲當時證券交易實際成交價格，而非每股淨值[11]。

股東行使異議股東收買請求權時，無非是希望能回收投資，甚至是獲利出場，但如上所述，實務上法院認定公平價格的標準及方式相當多樣，因此，公司應如何舉證及說明公平價格爲訴訟上攻防的重點，亦爲能否眞正落實異議股東收買請求權欲保障股東權益的關鍵。

伍、企業併購法修正草案

經濟部於2020年10月7日預告企業併購法部分條文修正草案[12]，爲增進併購時股東及時獲取資訊的權益，擬增訂第5條第4項，規定公司應於股東會召集事由中敘明董事利害關係之重要內容及贊成或反對併購決議之理由，使股東在開會前一定合理期間內及時獲得相關資訊，以作爲行使表決權的依據。另擬增訂第5條之1，規定公開發行股票公司之持有已發行股份總數超過10%之股東，且爲其他參加併購公司之董事，亦負有說明義務，就與該公司併購事宜決議之股東會，應說明其利害關係之重要內容及贊成或反對併購決議之理由；公司亦應於股東會召集通知中揭露股東利害關係之重要內容及贊成或反對併購決議之理由。修正理由並提及，倘若股東拒不揭露股東利害關係之重要內容及贊成或反對併購決議之理由，致使股東會決議遭撤銷，則公司得對該股東請求損害賠償。此處對於股東的資訊權提供更多保障，但也賦予股東會有權召集人與利害關係股東更重之義務及責任，未來股東會在準備及規劃上，應特別加以注意。

本次修正草案亦將異議股東行使股份收買請求權的要件放寬，反對併購案之股東無須放棄表決權，而是可以在股東會投反對票後仍取得股份收買請求權的行使資格。修正理由表示目的係爲強化異議股東與公司的議價能力，促使公司儘早提出合理價格收買股份。

上開修正草案雖仍屬預告，未來是否向立法院提案、是否經立法院通過，均有待觀察，然而由修正草案之內容，不難預見未來關於併購交易之程序要求將會益加嚴謹，無論是公司、董事、大股東或異議股東，均應強

---

[11] 臺灣桃園地方法院108年度司字第30號裁定。
[12] 經濟部109年10月7日經商字第10902426230號函。

化法令遵循之觀念及作為，以免因為程序之疏漏，導致權益受損，或事後遭到求償，甚至影響併購交易之合法性及有效性。

陸、結語

我國就企業併購交易中股東權益保障的相關機制並未有統一的章節規範，而是以零星的條文散落於公司法或企業併購法，甚至是非訟事件法中，除了本文所提到的股東資訊權、異議股東之股份收買請求權以外，尚包括股東訴請法院撤銷股東會決議訴訟、請求公司或董事負損害賠償責任等其他規定，本文礙於篇幅，無法逐一探討。惟如前所述，併購涉及公司組織變動，對於股東權益影響重大，企業經營者於進行併購交易時，應審慎遵循相關法令所定之股東權益保障機制，並應同時就未來可能發生之訴訟爭議防患於未然，以避免後續紛爭影響企業併購之效益，而能夠真正發揮企業併購活絡經濟之目標。

工業區開發之爭端解決

楊晉佳、曾至楷、陳婉榕

壹、前言

工業發展爲帶動國家整體經濟發展不可或缺之要素,而工業區的開發可提供廠商優良生產環境,促進產業進化與轉型,一直以來皆爲國家政策之重點規劃。依目前之統計資料,全臺共有203個工業區,總占地約爲4萬8,000多公頃,遍布全臺18縣市[1]。在臺灣經濟發展之歷程中,工業區扮演舉足輕重角色,亦創造了可觀之就業機會。

然因國家財力、人力資源皆有限,實難單憑構想之政策藍圖及一己之力,即由公部門獨力完成工業區開發之大業。因而在工業區開發之政策及法令中,亦設計了借助民間機構提供資金挹注、技術支援等機制,由公部門及私部門協力合作,共同完成開發工業區之任務。

然而在公部門及私部門合作之過程中,若契約未能妥善地劃分雙方權利義務,抑或是雙方於履約之任一階段產生認知上之歧異,在無法達成合作共識之情形下,紛爭即可能因此而生。如何在確保行政任務得以妥善完成並兼顧公私部門利益之情形下解決爭端,遂成爲公私雙方最重要之任務。

本文以下將以簡介公私協力之概念爲首,介紹常見之公私協力合作模式,並分析工業區開發任務中公私協力之特色所在;第參部分本文將介紹工業區開發之法源依據沿革、發展歷程及依適用法規結果所形成之工業區開發合作模式;第肆部分本文進一步闡釋於公私協力之工業區開發中常見之法律爭議及解決之道。希冀透過本文之說明,使讀者對於工業區開發相關背景以及法律爭議能有更深入之瞭解。

---

[1] 台灣工業用地供給與服務資訊網,https://idbpark.moeaidb.gov.tw/Environ/statistical(最後瀏覽日:2020/9/26)。

貳、公私協力合作模式

一、公私協力之概念

因現代行政事務趨於多樣化、複雜化且專業化，而政府部門財力、人力等各項資源皆有限，在此種情形下，與民間機構合作以獲得財務及專業技術之支持並促成公共設施或服務之建設，遂成為現代履行行政事務之一種選擇。

公私協力（Public-Private-Partnership，簡稱為PPP）又被稱之為「公私合夥關係」、「公私營機構夥伴合作」、「公私聯營」或「公私部門協力關係」等[2]，其用以概括描述為了更經濟地實現公共任務而由公部門與私人機構間成立之合作夥伴關係。公私協力因屬於正在發展中之概念，目前並無對於公私協力行為之完整定義。對公私協力採較廣義認定者認為公私協力可以涵括自「純粹以高權形式實現公共任務」至「公共任務完全民營化」此二種極端光譜間之所有其他公部門及私部門合作之型態[3]；而亦有對公私協力採較限縮解釋者認為此概念可更細緻地定義為「國家高權主體與私經濟主體間本於自由意願，透過正式之公法或私法性質雙方法律行為，抑或非正式之行政行為形塑合作關係，並且彼此為風險與責任分擔之行政任務執行模式[4]」。

二、公私協力之合作模式

如上所述，公私協力無論係採廣義或限縮之認定，皆可透過公部門與私部門對於彼此權利義務之安排，開展出許多合作之態樣。

我國自1970年代推動之十項建設，以及歷次之經濟建設計畫，皆是以推動公共建設為目標。然1990年代末期，公共建設之推動因土地取得、民眾抗爭以及國家財政惡化等因素，導致公共建設計畫之執行績效不

---

[2] 程明修，〈公私協力行為〉，http://myweb.scu.edu.tw/~muenster/14%20Public-Private-Partnership.pdf（最後瀏覽日：2020/10/16）。

[3] 同註2。

[4] 臺北市政府法務局103年度委託研究案（2014），《公私協力行政之契約形式選擇自由研究——以臺北市市有財產出租、提供使用及委託經營為中心》，頁18。

如預期，行政院公共工程委員會乃自2000年訂定實施「促進民間參與公共建設法」（以下簡稱「促參法」），希望以公私協力之概念，引進民間之資源及技術發展公共建設。

促參法第8條對於民間機構參與公共建設之方式有所規範，依其例示之方式，可分爲：(一)BOT（Build-Operate-Transfer）：民間機構投資新建並爲營運；營運期間屆滿後，移轉該建設之所有權予政府；(二)BTO（Build-Transfer-Operate）民間機構投資新建完成後，政府無償或以一次或分期給付建設經費以取得所有權取得所有權，並由該民間機構營運；營運期間屆滿後，營運權歸還政府；(三)ROT（Rehabilitate-Operate-Transfer）：民間機構投資增建、改建及修建政府現有建設並爲營運；營運期間屆滿後，營運權歸還政府；(四)OT（Operate-Transfer）：民間機構營運政府投資興建完成之建設，營運期間屆滿後，營運權歸還政府；(五)BOO（Build-Own-Operate）：配合政府政策，由民間機構自行備具私有土地投資新建，擁有所有權，並自爲營運或委託第三人營運。

民間投資公共建設之法源除2000年所訂定實施之促參法外，依其他法令（商港法、都市更新條例、大眾捷運法、國有財產法、電業法、漁港法、產業創新條例、地方公產管理法令等）辦理案件，其目的各不同，主管機關亦不同，惟皆屬廣義之民間參與投資[5]，故雖公部門與私部門之合作方式與前述促參法第8條所列類型有所差異，然皆爲公私協力類型之一種。

工業區開發所適用之獎勵投資條例及促進產業升級條例等皆制定於促參法之前，法規目的著重於產業發展，因此內容包含租稅減免、技術輔導等，涉及公私協力而引進民間資源、技術者僅爲工業區開發之部分規定，依前所述，其公部門及私部門間合作之方式雖與一般受到廣爲討論之促參法相關類型不盡相同，惟在工業區開發部分使私部門參與之型態，亦當然屬公私協力之範疇。

---

[5]　行政院公共工程委員會民國97年12月30日工程促字第09700549310號函。

參、我國工業區開發之法規及發展

一、適用法規之遞嬗

隨著我國經濟發展之歷程以及產業結構的變換，產業政策及法規亦隨著時代進程而更迭，以下簡要介紹與工業區開發之相關法規發展歷程。

(一) 獎勵投資條例

1950年代末期美援中止，政府爲鼓勵民間企業，於1960年9月實施「獎勵投資條例」，對外投資，除透過稅捐之減免以增加投資而拓展對外貿易之外，爲促進工業發展，增進地方繁榮，「獎勵投資條例」對於工業用地之取得、開發等亦有所規範。

依本條例規定，政府計畫開發工業用地時，係採徵收之方式辦理[6]，而依條例第60條規定，政府得委託公營事業或公營金融機構辦理土地收購、整理、劃分及出售等業務。另依同法第61條規定，編定之工業用地，亦得由公民營企業自行協議購買，或與土地所有權人合作開發爲工業區。

(二) 促進產業升級條例

爲加速產業升級、提高產品之附加價值，「促進產業升級條例」（以下簡稱「促產條例」）自1991年1月取代獎勵投資條例正式實施。在工業區之設置及開發部分。而政府除得基於履行行政任務而依規定自行開發外，依同法第35條第1項規定：「工業主管機關開發工業區時，於勘選一定地區內之土地後，得委託公民營事業辦理申請編定、開發、租售及管理等業務。」亦即就土地之取得以及後續開發，以及開發完成後之土地租售及管理，得委由私部門協助完成，此規定即明確地使工業區開發此行政任務得以公私協力之方式加以辦理。

6　獎勵投資條例第55條：「政府計畫開發工業用地時，由工業區主管機關擬具詳細徵收計畫書，附具計畫開發用地綱要計畫圖及徵收土地清冊，依規定分別送請省（市）政府核定，或送由內政部轉行政院核定，發交當地直轄市或縣（市）地政機關，依左列程序辦理徵收，並於辦理完畢後，層報行政院備查：（略）」

(三) 產業創新條例

　　為因應全球化之經濟競爭而促進產業創新及升級，並配合我國經濟發展已邁入知識經濟時代之潮流，「產業創新條例」（以下簡稱「產創條例」）於2010年接續促產條例成為主導產業發展之主要法規。促產條例原有之「工業區」規劃理念轉型成為「產業園區」，而依原獎勵投資條例或原促產條例編定之工業用地或工業區仍延續適用產創條例關於產業園區之相關規定。

　　另中央及地方對於產業發展之主動性亦隨著法規之遞嬗有所轉變，原促產條例於工業區開發項目上是由中央主導、地方參與，於產創條例則強化了地方政府之主導力，中央則是立於協助之角色，因此過去由中央開發之工業區，於產創條例施行後得移交由地方主管機關接管[7]。

　　而在引進民間資源、技術方面，因產業園區所涉事項眾多，基於專業考量，並減輕政府財政負擔，產創條例第37條第1項亦規定：「中央主管機關或直轄市、縣（市）主管機關得委託公民營事業，辦理產業園區之申請設置、規劃、開發、租售或管理業務。」依本規定，中央主管機關亦無庸自行為產業園區設置及開發等行為，而得由公民營事業協助辦理，此係承襲獎勵投資條例及促產條例之規定而來，亦即對於工業區或是產業園區開發此一事務，向來皆可由公部門及私部門協力配合予以完成。

二、工業區開發之合作模式

　　工業區或產業園區之設置或開發，得由中央或地方主管機關委由公民營事業辦理，而辦理之資金來源依規定可分為「由政府編列預算支應」或是「由受託之公民營事業自行籌措」[8]，在政府財政預算有限之情形下，

---

[7]　產業創新條例第68條：「本條例施行前，依原獎勵投資條例或原促進產業升級條例編定之工業用地或工業區，適用本條例之規定。」

[8]　促進產業升級條例第35條：「（第1項）工業主管機關開發工業區時，於勘選一定地區內之土地後，得委託公民營事業辦理申請編定、開發、租售及管理等業務。（第2項）前項委託申請編定或開發業務，其資金由政府編列預算支應者，應依政府採購法之規定辦理；其資金由受託之公民營事業籌措者，應以公開甄選方式辦理。（第3項）第一項工業區委託申請編定、開發、租售及管理辦法，由經濟部定之。」產業創新條例第37條：「（第1項）中央主管機關或直轄市、縣（市）主管機關得委託公民營事業，辦理產業園區之申請設置、規劃、開發、租售或管理業務。（第2項）前項委託業務，其資金由受託之公民營事業籌措者，得以公開甄選方式為之；其辦理不適用政府採購法或促進民間參與公共建設法之規定。（第3項）第一項公民營事業之資格、委託條件、委託業務之範圍與前項公開甄選之條件、程序、開發契約

多是以採行後者之方式進行合作。而開發工業區最基本之要素即為「土地」，對於土地之取得，若係由受託之公民營事業進行開發，法規要求公民營事業應自行取得，在取得不易之例外情況下方得以辦理徵收之方式取得需用地[9]。

在此前提下，公民營事業須自行籌措開發過程所有需用資金，並自為債權債務主體，所取得之資金除須用以購地外，亦須負擔整地、開發、管理、出售等所有環節所需之成本，因此無論係「財源」或係「土地」皆須由公民營企業自行負責，主管機關於開發過程中則係立於輔助及監督之角色，負責行政事項之辦理如出售價格之審定、認購廠商之資格審理等。如公、私雙方協議公民營事業之工作範圍包含土地出（標）售事項，則雙方之契約原則會約定至所有開發土地全數完售，並完成結算作業及款項之歸墊及分配後，契約方屬終止。

受託開發之公民營事業於工業區（產業園區）開發完成且土地完全租售後，將以土地租售收入優先填補公民營事業於開發過程中所支出之成本，除此之外，因公民營事業於開發過程扮演重要角色，投入大量金錢與資源，並須承擔財務融資所生之風險，因而公民營事業亦得享有出售土地或建築物所得超過成本部分之結餘款分配。

而此類由公民營事業自籌資金開發工業區（產業園區）之合作中，因標的金額大、契約期間較長、關係人眾多（融資銀行、工程下包廠商、購地廠商等），在履約過程及有發生爭議之可能，以下章節即就若干於此種開發合作中較常見之爭議類型為簡要介紹與分析。

期程屆期之處理及其他相關事項之辦法，由中央主管機關定之。」因「獎勵投資條例」自1991年即已廢止，至今已近三十年，以下即不再援引獎勵投資條例之規定為討論。

9　促進產業升級條例第28條第1項：「投資開發工業區之公民營事業或興辦工業人，需用本條例施行前依原獎勵投資條例編定之工業用地或依本條例編定之工業區範圍內私有土地，應逕行洽購。但因私有土地所有權人死亡未辦理繼承登記或因祭祀公業管理人死亡致無法承購，或其他特殊原因購置不成時，得申請地方工業主管機關辦理徵收，並準用第五十一條第一項及第五十四條之規定。」產業創新條例第43條第1項：「公民營事業或興辦產業人為開發產業園區需用私有土地時，應自行取得。但符合下列情形之一者，得申請直轄市、縣（市）主管機關辦理徵收：一、因私有土地所有權人死亡，其繼承人於繼承開始之日起二年內未聲請辦理繼承登記。二、因祭祀公業管理人死亡致無法承購。」

肆、工業區開發所生爭議及處理

一、委託開發契約之定性

(一) 公法契約或私法契約

由公部門與私部門所訂立之契約,其屬性究為行政契約抑或是私法契約,常會成為爭端發生時首須釐清之問題。此非僅牽涉因此類契約所生爭議應由行政法院抑或是普通法院管轄之問題,在此之前,即會影響此類契約爭議是否得約定以仲裁方式解決。

綜觀目前法院實務對於此類委託開發契約定性之判斷,可知部分實務見解認此類契約屬於公法契約,如:

1. 最高行政法院94年度裁字第470號裁定

由上雙方訂立之系爭「協議書」所依據法律「為獎勵投資,加速經濟發展」公益性質之獎勵投資條例,訂約整體目的及約定之給付內容與效力綜合判斷,系爭兩造所協議合致訂立之「合作開發光華工業區協議書」應屬公法契約(行政契約)甚明。

2. 最高行政法院108年度判字第34號判決

依上開約定,上訴人與被上訴人適用獎勵投資條例規定簽訂系爭協議書,係被上訴人為達成開發工業用地為工業區之目的,而與上訴人合作辦理系爭園區之開發,雙方合作模式為被上訴人負責辦理系爭園區之土地取得、地籍整理等工作;上訴人負責籌措系爭園區開發所需之土地取得及工程費等各項經費為本開發案債權債務之主體並負盈虧責任,其性質為行政契約。

同時,亦有實務見解認為此類契約屬私法契約,如:

臺灣臺北地方法院107年度重訴字第916號判決

省建設廳僅係藉由締結委任之私法契約(下稱系爭開發契約),使原告負有協助系爭工業區開發義務,兩造間並未因之建立公法法律關係,原告亦未因系爭開發契約而被授與得如同行政機關對外行使公權力,執行行政任務之地位,參諸前開說明,堪認系爭開發契約要屬私法契約無疑。被告辯稱省建設廳委託原告編定系爭工業區所需環境影響說明書、環境影響

評估報告等編定工業區之期前作業，所依據爲具公益性質之「促進產業升級條例」，委託整體目的及約定原告給付之內容，係爲達成編定系爭工業區之特定行政目的，原告與省建設廳所爲之約定應屬行政契約，本件應由行政法院審判云云，容有誤會。

除此之外，亦有實務見解以雙方對於管轄等紛爭解決方式之約定，以尊重契約當事人約定之方式定其管轄，如：

臺灣高等法院高雄分院107年度重抗字第8號裁定

惟觀諸系爭契約第29條約定：「如爭議事項經任一方請求提付協調委員會協調後三十日仍無法解決時，或任何一方於收受協調委員會決議後十日內向他方提出異議時，雙方同意以臺灣高雄地方法院爲第一審管轄法院，依訴訟方式解決爭議」等語（見原審卷17頁背面），足認兩造於訂立契約時，爲避免將來發生爭議須訴請法院解決，普通法院與行政法院間對於審判權之歸屬有不同認定，造成程序上之不利益，乃預爲合意願由普通法院即臺灣高雄地方法院管轄，且該約定，並無害及公益之情事。況抗告人係依系爭契約及民法第231條第1項規定提起本件訴訟，性質上亦包含民法第231條所規範之私法爭議。另依抗告人所爲訴之聲明，亦無任何公法、私法請求權競合之情形，有抗告人民事起訴狀在卷可稽（見原審卷第3頁），足認其審判權亦無究應由何法院行使較爲妥適之衝突情形。是依上開說明，普通法院就系爭契約所生之爭議，即有審判權。

觀目前幾份於網路上公開之委託開發契約內容[10]，多可見雙方約定於開發地所在地之地方法院管轄，若干契約並約定可就契約爭議交付仲裁，則在公民營事業受託內容雖係未達成行政任務，然其實際履行方式未涉及公權力行使之情形下，此類契約所生爭議將來若進入訴訟，應將於民事法院進行處理。

---

[10] 參考之契約包括「桃園市政府辦理八德大安科技園區開發計畫案　委託開發、租售及管理計畫契約書」、「雲林縣政府委託辦理『雲林縣台西產業園區委託規劃、開發、使用收益處分及管理案』契約書」、「經濟部工業局委託中華工程股份有限公司開發雲林科技工業區之大北勢區契約書」、「高雄市政府都市發展局委託辦理『仁武產業園區』申請設置、規劃、開發、租售及管理計畫契約書（草案）」等。以下於討論契約條款時，亦係以此些契約爲參照對象。

(二) 契約屬性

在認定此類委託開發契約為私法契約之情形下，將會面臨此私法契約是否屬民法所規定之任一類有名契約而應否適用相應之規定。而於判斷契約屬性時，依最高法院見解，應綜觀契約之內容及特徵，將契約約定之事項或待解決之法律關係，置入典型契約之法規範，比對其是否與法規範構成要件之連結對象相符，以確定其實質上究屬何類型之契約，俾選擇適當之法規予以適用，而不應拘泥於契約記載之文字或當事人口頭使用之語言[11]。

「委託開發契約」因以「委託」為名，似與委任契約有所關聯，然此類契約目的在於工業園區開發，所涉標的規模龐大，性質特殊，細繹其契約內涵，本文認為實屬混合數不同契約分子所購成之混合契約，其中包括投資、承攬、居間及合夥關係等，與一般委任契約顯然不同。以下即簡要就此類委託開發契約普遍存在之要素分析其性質：

1. 投資及合夥契約關係

無論於新舊法規，皆規定受託之公民營事業於辦理受託業務時，資金自行籌措部分，於不超過所列各項費用總金額10%之範圍內得計列代辦費並納入開發成本，而開發契約中亦會約定得由受委託之公民營事業分配一定比例之開發代辦費[12]。於此情形下，受託事業自籌資金所投入之成本即可視為投資款，其並可就其投入金額獲得一定比例之利潤回饋，實與投資契約高度相似。且促產條例中，對於受託開發之公民營事業描述為「『投資』開發工業區之公民營事業」[13]，亦可證此類開發關係具有投資契約之性質。

---

[11] 最高法院107年度台上字第2188號判決。
[12] 產業園區委託申請設置規劃開發租售管理辦法第19條：「公民營事業辦理受託業務時，資金自行籌措部分，得計列代辦費並納入開發成本，其數額不得超過支付下列各款費用總金額百分之十：一、調查規劃及申請設置費用。二、環境影響評估及環境監測費用。三、土地費用。四、工程設計、監造及開發費用。五、行銷、廣告及租售作業費用。六、公共設施維護管理費用。七、行政作業費用。」工業區委託申請編定開發租售及管理辦法（2011年1月21日廢止）第13條：「公民營事業受託辦理工業區申請編定、開發及租售業務，資金自籌部分，得計列代辦費並納入工業區開發成本，其數額不得超過投資於該工業區之下列各款費用總金額百分之十：一、編定、規劃調查費用。二、土地費用。三、開發工程費用。四、行政作業費用。」
[13] 例如促產條例第28條第1項本文：「投資開發工業區之公民營事業或興辦工業人，需用本條例施行前依原獎勵投資條例編定之工業用地或依本條例編定之工業區範圍內私有土地，應逕行洽購。」

　　且依民法第667條第2項之規定，合夥之「出資」得為金錢或其他財產權，或以勞務、信用或其他利益代之，亦即不以金錢出資為必要。委託開發契約由公民營事業籌措資金墊付開發費用，而主管機關亦會負責辦理諸如土地之勘界、測量、邊界埋樁、都市計畫變更編定及開發之相關行政作業，亦即開發單位亦係立於行政協助之角度參與開發事宜，形同以「勞力」或「其他利益」出資該開發案，就其契約協力合作之本質觀之，實與合夥具備一定之相似性。

2. 承攬契約關係

　　此類委託開發契約中，受託之公民營事業多會負責園區內各項工程之規劃、設計、環境監測、發包、施工、監造、驗收等工作，其中工程內容可能包括主體工程、污水處理工程、大樓興建工程、景觀工程，以及電力管線埋設、變電所工程、電信線路埋設工程等，受託事業亦須辦理園區開發完成後開發成本之計算送審，及可租售地之租售處理及其他相關業務，並須受理園區內申購廠商資格初審等事宜。

　　觀此類義務之性質，實著重於完成一定工作（工程之規劃、設計、施工、監造、驗收、管理、維護等）、達成一定成果（園區土地開發、可用地及其地上建物之出租售及管理等），此等工作範圍，自具有承攬之性質。且多數契約對於工程竣工後，皆約定受託事業應對工程保固，此亦反應此類契約所具之承攬性質。

3. 居間契約關係

　　待園區開發完成後，若約定受託之公民營事業須負責可售地之出售，則買受人為各承購廠商，受託事業須居間協助處理土地買賣之事務，受託事業作為買賣雙方訂約之媒介，實與居間契約關係相似。且產創條例第37條之立法理由明確指出：「受託之公民營事業辦理產業園區之租售業務者，應依不動產經紀業管理條例規定辦理。」更顯示其義務因涉及不動產之居間交易而有遵循不動產經紀相關規定之必要。

4. 小結

　　如上所分析，此類委託開發契約實皆揉合多種有名契約之特性在內，而屬於非典型之混合契約，此類混合契約，應分別適用各該權利義務所屬

契約之類型之法律規定[14]，不得逕適用某類型契約之規定即判斷全部契約之效力。

二、契約得否任意終止

在此種由公民營事業自行籌措資金並須自行取得土地，且公民營事業須負責可售地出租售之工業區開發合作模式，契約通常自簽署日起生效，並可能訂有履約期限，惟因公民營事業之義務內容包括將可售地全數租售予需地廠商，並有後續成本結算之程序須完成，因此是否能在所定期限內完成契約義務未可知。如受大環境景氣影響導致廠商於工業區或產業園區購地發展之意願低，則在土地遲未能出租售進而導致開發成本節節上升，或因開發單位與公民營事業間產生履約爭議，一方是否得隨時終止契約即成為一大問題。

「民事紛爭，應先適用當事人間之契約條款，契約未約定者，始按法律規定、習慣、法理之順序，予以補充規範。[15]」此為解決民事紛爭所應遵循之順序，因此於判斷雙方是否有終止契約之權限時首須依契約內容為判斷。民法針對不同類型之有名契約各定有其終止契約之相關規定，如第549條規定：「當事人之任何一方，得隨時終止委任契約。」同法第511條針對承攬契約規定：「工作未完成前，定作人得隨時終止契約。但應賠償承攬人因契約終止而生之損害。」惟如前所述，若契約中對於契約終止之時點、方式、要件已有明確規範，則於判斷雙方是否有終止契約權限時，自應先依契約條款為解釋，不得逕適用民法規定予以終止，否則即有違契約自由原則，亦不符民事法上紛爭解決之法則。

再者，此類開發契約為因公私協力概念而生，受託之公民營事業之契約義務內容不單僅為工程之營造、施作等，更包含土地取得、規劃調查、工業區或園區土地之出租售等，透過公部門與私部門間之夥伴關係，以達成工業區、產業園區設置開發並促進產業發展、升級之國家任務。且公民營事業之全部開發資金須自行籌措，並為債權債務主體自行償還所籌措的

---

[14] 最高法院107年度台上字第1428號判決、106年度台上字第706號判決參照。
[15] 最高法院106年度台上字第2313號判決參照。

資金，待日後開發完成租售土地時，方以出租、出售土地之收入清償開發過程所支付之成本，倘可任意提前終止，形同剝奪公民營事業受清償開發成本之權利，顯屬不公。是此類契約除係爲達成一定之行政目的外，其所應履行之義務內容並有階段性之差別，且無法單以金錢衡量其履行之價值，因此在契約尚未履行完畢而目的尚未達成前，除符合契約所約定之終止要件，應無任意終止此類開發契約之合法依據。

在產創條例施行後，第47條第2項規定於開發契約期程屆滿而土地或建物未出租售完畢之處理方式[16]，某程度得以解決定有期限之開發契約因土地無法出租售完畢而致雖有期間然契約仍無法終結契約關係之問題，此一規定更反應開發契約在契約明定期程屆滿，或土地出售完畢，或雙方就開發成本之清償已有明確約定之前，不得由任一方任意提前終止契約之特性，否則，勢必損及雙方權益並有害產業園區之開發。

三、開發成本之計算及結餘款之分配

產創條例授權制定之「產業園區委託申請設置規劃開發租售管理辦法」第18條規定：「本條例第四十七條第一項之開發成本，得納入下列費用：一、調查規劃及申請設置費用。二、環境影響評估及環境監測費用。三、土地費用。四、工程設計、監造及開發費用。五、行銷、廣告及租售作業費用。六、公共設施維護管理費用。七、行政作業費用。八、保險費用。九、利息。十、本辦法規定得納入開發成本之費用。十一、其他經主管機關認定之費用。」各委託開發契約對於開發成本之認列範圍及計算方式仍保有彈性之約定空間。

在土地開發完成。公民營事業辦理土地出租售前，契約通常會約定公民營事業應編製開發成本計算書，送請開發單位審定出租售之價格，而審定價格自核定基準日起得按日加計利息。待土地全部出租售完畢時（有些契約會一併約定「或經開發單位同意」、「或履約期限屆滿經開發單位同

---

[16] 產創條例第47條第2項：「前項開發契約期程屆滿時，區內未出租售之土地或建築物，開發產業園區之各該主管機關得依下列方式之一辦理：一、按合理價格支付予受託之公民營事業。但合理價格不得超過未出租售土地或建築物所分攤之實際投入開發成本。二、通知所在地之直轄市、縣（市）政府囑託登記機關辦理移轉登記予受託之公民營事業。受託公民營事業仍應依產業園區規劃之用途使用及處分。」

意」等條件，因契約而異），公民營事業即應辦理開發成本收支總結算。

　　因出租售土地之所得將優先用以歸墊公民營事業之出之開發成本，因此開發成本如何編列、計算，對於受託開發之公民營事業權益有偌大影響。另一方面，如出租售土地之收入多於開發所支出之成本，此所謂「超成本」或稱「結餘款」於開發單位及公民營事業間如何分配亦為一大重點。

　　過去在促產條例時期，對於結餘款之分配方式及比例未有明文規定，而係由雙方於契約中約定，如契約未約定則依過往慣例或另行之協議進行分配。而在產創條例施行後，第47條第1項規定：「中央主管機關或直轄市、縣（市）主管機關開發之產業園區，其資金全部由受託之公民營事業籌措者，於委託開發契約期間，其開發成本由各該主管機關認定；出售土地或建築物所得超過成本者，受託之公民營事業應將該差額之一定比率繳交至各該主管機關所設置之產業園區開發管理基金。但差額之一定比率，不得低於百分之五十。」依本規定，結餘款於不低於50%之比率應歸公有，而公民營事業所得分配之結餘款比率即為0%至50%，至於確切比例依同條第3項規定則應由主管機關於委託開發契約中訂明[17]。

　　因產創條例為接續獎勵投資條例及促產條例而施行，依產創條例第68條規定：「本條例施行前，依原獎勵投資條例或原促進產業升級條例編定之工業用地或工業區，適用本條例之規定。」因工業用地或工業區之開發耗時長，且可區分為諸多階段，依前開產創條例第68條規定，在產創條例施行前即成立之開發契約，若延續至產創條例施行後尚未屆期或終止，應依照產創條例之規定辦理土地出售、成本結算及結餘款分配等程序。

　　於結餘款分配之情形，若在產創條例施行前作成之委託開發契約中對此並無特別約定，而於產創條例施行時該契約尚未完成結算亦尚未分配結餘款之情形，於日後進行成本結算及結餘款分配時，自應適用產創條例第47條所規定之方式為之，依該條規定，公民營事業應可依上開規定請求

---

[17]　產創條例第47條第3項：「前二項開發成本之認定方式、差額之一定比率及合理價格之計算方式，由各該主管機關於委託開發契約中訂明。」

不高於50%之結餘款。

　　此外，產創條例規定主管機關應於契約中訂明結餘款之分配比例，乍看之下主管機關對於分配比例似具有決定權。然因委託開發之合作關係係以私法契約方式成立，即使部分內容是由主管機關單方面先擬定，惟作為契約相對方之公民營事業仍有權決定是否締結此契約而受此契約之權利義務所拘束，因此若是於產創條例施行前已成立生效之委託開發契約，依產創條例第47條之規定欲嗣後增加對於結餘款之分配比例約定，因公民營事業已然受此契約拘束且已履行一定程度之契約義務，則結餘款之分配比例此攸關契約雙方權益之事項，自不應僅由主管機關單方決定，既有此產創條例可作為分配結餘款之依據，自可依此產創條例規定及契約之基本原理，秉持雙方對開發園區之貢獻度、風險負擔等重要考慮因素，邀集受託之公民營事業參與協商，於不高於50%之範圍內決定一分配比率，但絕非可由主管機關單方決定公民營事業之分配比例，甚至一味拒絕協商或不公平地分配，俾使雙方遵守，並於各該分配比例之範圍內中享有其應得權益，以符合產創條例制訂之精神，在政府機關無經費、無資源及缺乏專業之情況下，未來才能吸引及鼓勵公民營事業參與並負責開發公共事業之投資及開發。

伍、結論

　　政府與公民營事業合作開發工業區及產業園區有我國產業發展脈絡可循，為我國推行產業政策不可或缺一環，在政府資源、人力有限之情形下，以公私協力之概念讓私部門參與並帶入技術、資源，使行政任務得有效率地被達成，受託之公民營事業亦得於其中獲利，公私在合作中達到雙贏。近年來因美中貿易戰而帶動了全球供應鏈重組，甚多臺商選擇回臺發展，在政府所實施之「投資臺灣三大方案」政策帶動下，截至2020年10月23日，總投資金額已逾新台幣1兆1,316億元[18]，工業區及產業園區之土地使用需求亦將因回流廠商之建廠需求而提高，因此政府機關及公民營事

---

[18] Invest in Taiwan網站，https://investtaiwan.nat.gov.tw/showPagecht1135?lang=cht&search=1135（最後瀏覽日：2020/10/26）

業間如何合作，並對工業區及產業園區土地進行有效率的開發，對於國內產業發展及政策推動至關重要。

然此類政府與公民營事業間之開發契約內容繁瑣、義務多樣、耗時長，且因所涉及之履約標的通常數額龐大，自行籌資購地開發並為債權債務主體之受託者往往須承受相當之資金風險，如政府機關囿於圖利陰影，既有產創條例可資適用，卻不願適用或只適用有利於政府機關之部分條文，恐使未來公民營事業因政府機關之種種不合理行為而不再參與及負責工業區或產業園區之開發，恐非國家之福。

基於契約平等原則，受託者與開發單位簽署此類委託開發契約並非須悉聽開發單位之決定行事，於簽署契約前階段受託者即應先透徹瞭解契約內容及應負義務，並在合理範圍內就可磋商之契約條款表達意見，履約過程亦應適時與開發單位溝通，確保雙方對於履約方式具有共識，才能為國內各工業區及產業園區之開發創造雙贏。

自辦市地重劃抵費地所有權移轉之研究

朱漢寶、王師凱、張鵬元

壹、前言

　　土地重劃是指將一定區域內各宗形式不整、面積狹小、使用分散的地坵、地塊，加以綜合整理，改善重劃區範圍內交通、水利及公共建設，重新規定其地界，使成為適合經濟使用的土地，再按交換方式，重新分配其地界予原所有人的一種綜合性土地改良事業。其目的在於改善土地使用結構，提高土地利用價值，以促進土地有效利用[1]。

　　土地重劃依實施地區之不同，可分為「市地重劃」、「農地重劃」及「農村社區土地重劃」。其中，市地重劃乃配合都市計畫細部計畫之道路、公園等公共設施之開闢，成為大小適宜形狀方整的土地，再分配予土地所有權人，以利於開發、提升土地價值。藉由土地重劃程序，政府可以不需動用徵收及興建經費即可取得公共設施，參與土地重劃地主能夠共同享受土地改良後之增值，也可以公平方式負擔土地改良費用，是一個共利的土地改良過程[2]。又市地重劃依舉辦主體之不同，可再分為「公辦市地重劃」及「自辦市地重劃」兩種類型。就此二重劃類型，其主管機關內政部依據平均地權條例第56條及第58條規定之授權，分別定頒「市地重劃實施辦法」（下稱「重劃實施辦法」）及「獎勵土地所有權人辦理市地重劃辦法」（下稱「獎勵重劃辦法」）以作為執行市地重劃之依據。

　　本文茲就「自辦市地重劃」之法規架構，並就抵費地交易所衍生之法律問題簡要說明如後。

1　溫豐文，《土地法》，頁327-328，自版。
2　楊文蘭（2016），〈自辦市地重劃之法律定性及相關問題探討〉，《軍法專刊》，62卷4期，頁58。

貳、自辦市地重劃之法律依據

　　所謂「市地重劃」，係指依照都市計畫規劃內容，將一定區域內，畸零細碎不整之土地，加以重新整理、交換分合，並興建公共設施，使成為大小適宜、形狀方整，各宗土地均直接臨路且立即可供建築使用，然後按原有位次分配予原土地所有權人。而重劃範圍內之道路、溝渠、兒童遊樂場、鄰里公園等公共設施及工程費用，則由參加重劃土地所有權人按其土地受益比例共同負擔，故是一種有效促進土地經濟使用與健全都市發展的綜合性土地改良事業[3]。準此，市地重劃乃以消除市地畸零不整為實施目的，並透過「受益者負擔原則」，由土地所有權人自負損益。

　　依據獎勵重劃辦法規定，自辦市地重劃之實施程序，依序為：

一、重劃之發起及成立籌備會：由擬辦重劃範圍土地所有權人人數逾擬辦重劃範圍土地所有權人總數十分之三，及其於該範圍所有土地面積合計逾該範圍土地總面積十分之三之同意成立籌備會，並由發起人向直轄市或縣（市）主管機關（下稱「主管機關」）申請核准成立籌備會。

二、勘選擬辦重劃範圍及研擬重劃會章程草案：籌備會成立後，應舉辦座談會說明重劃意旨，並通知擬辦重劃範圍全體土地所有權人及函請主管機關列席，並應研擬重劃會章程草案及勘選擬辦重劃範圍，重劃範圍不得小於一個街廓。

三、召開重劃會成立大會：籌備會應於舉辦座談會後，通知擬辦重劃範圍全體土地所有權人及函請主管機關列席召開重劃會成立大會，審議重劃會章程草案，並互選代表組成理事會及監事會，分別負責執行業務。

四、申請核准成立重劃會：籌備會應於核准成立之日起六個月內，檢附重劃會章程草案、會員與理事、監事名冊、重劃會成立大會及理事會紀錄送請主管機關核准成立重劃會。

五、申請核定重劃範圍：重劃會成立後，應召開會員大會審議擬辦重劃範

---

[3]　地政問答，https://www.land.moi.gov.tw/chhtml/landQA/55?qphclass=&pagenum=55

圍，並於審議通過後，備具申請書並檢附相關圖冊向主管機關申請核定重劃範圍。

六、徵求土地所有權人同意：重劃範圍核定後，重劃會應以書面載明重劃有關事項，徵求擬辦重劃地區內土地所有權人同意。

七、重劃計畫書草案之研擬、申請核定及公告，並通知土地所有權人及已知之利害關人：重劃會應研擬重劃計畫書草案經會員大會審議通過後，檢附相關書表圖冊向主管機關申請核准實施市地重劃；主管機關受理申請核准實施市地重劃後，應舉行聽證；重劃會應於重劃計畫書核定後公告三十日，並通知土地所有權人及已知之利害關係人。

八、測量、調查及地價查估：重劃計畫書經公告確定後，重劃會視需要向主管機關申請辦理重劃區範圍邊界之鑑界、分割測量及重劃前後地價查估。

九、土地改良物或墳墓拆遷補償及工程施工。

十、計算負擔及分配設計：計算重劃負擔及土地交換分合設計，依市地重劃實施辦法規定辦理。

十一、公告、公開閱覽重劃分配結果及其異議之處理。

十二、申請地籍整理：地籍測量及鏨正、土地權利清理、土地權利變更登記及耕地租約註銷或變更。

十三、辦理交接及清償：自辦市地重劃區辦竣土地登記後，重劃會應以書面通知土地所有權人及使用人定期到場交接土地。重劃區內之土地扣除區內用以折價抵付共同負擔之土地（即抵費地）後，其餘土地仍依各宗土地地價數額比例分配予原土地所有權人。但應分配土地之一部或全部因未達最小分配面積標準，不能分配土地者，得以現金補償之（平均地權條例第60條之1第1項）。在市地重劃後，重行分配與原土地所有權人之土地，自分配結果確定之日起，視為其原有之土地（平均地權條例第62條）。因此，重劃後重行分配之土地，須俟分配結果確定之日起，始由受分配者取得該分配之土地，在此之前，尚不發生所有權之變動[4]。

---

[4]　最高法院102年度台上字第4號民事判決。

十四、財務結算。

十五、撰寫重劃報告。

十六、報請解散重劃會。

　　重劃會內部運作設計包含「會員大會」、「理事會」及「監事會」，其各個職權範圍分別如下：

一、重劃會設有「會員大會」，負責修改重劃會章程、選任、解任理事及監事、監督理事及監事職務之執行、審議擬辦重劃範圍、審議重劃計畫書草案、審議禁止或限制事項、審議拆遷補償數額、審議預算及決算、審議重劃前後地價、認可重劃分配結果、追認理事會對重劃分配結果異議之協調處理結果、審議抵費地之處分、審議理事會及監事會提請審議事項。此外，「會員大會」並得決議將審議禁止或限制事項、審議拆遷補償數額、審議預算及決算、審議重劃前後地價、追認理事會對重劃分配結果異議之協調處理結果、審議抵費地之處分等事項授權由「理事會」辦理（獎勵重劃辦法第13條第3項、第5項）。

二、重劃會設有「理事會」，並設理事長一人執行重劃區之業務，重劃會職權包括負責重劃業務，包含選任或解任理事長、召開會員大會並執行其決議、研擬重劃範圍、研擬重劃計畫書草案、代為申請貸款、土地改良物或墳墓拆遷補償數額之查定、工程設計、發包、施工、監造、驗收、移管及其他工程契約之履約事項、研擬重劃分配結果草案、異議之協調處理、撰寫重劃報告、其他重劃業務應辦事項（獎勵重劃辦法第14條第1項）。

三、重劃會設有「監事會」，負責監察理事會執行會員大會之決議案、監察理事會執行重劃業務、審核經費收支、監察財務及財產、其他依權責應監察事項（獎勵重劃辦法第15條第1項）。

　　由此可知，土地所有權人以其所有之土地作為出資，基於土地重劃之目的成立重劃會。並設有「會員大會」、「理事會」及「監事會」，由「會員大會」作為參與重劃土地所有權人之意思機關及最高權力機關，「理事會」執行土地重劃業務，「監事會」監督土地重劃業務執行，共同推動土地重劃業務，內部運作類似於公司法人組織，具有高度自治性。

　　此外，因市地重劃牽涉公、私利益之調整及都市發展、景觀甚鉅，且具有高權性質，原屬於國家所保留之公共任務，然而基於國家之財政、人力、技術及效率等考量因素，始例外允許由私人辦理。但此種由政府機關將公共任務准由私人辦理市地重劃之情形，基於「擔保國家理論」，該私人於辦理自辦市地重劃時，仍應受政府機關所制訂之「框架立法」的拘束，並接受政府機關之監督及審核，以遂行該自辦市地重劃之執行，並擔保其依法，並合乎公益地完成，此部分具有公法之性質。又自辦市地重劃，係由土地所有權人自行組織重劃會辦理，重劃會係一自治組織，其運作須依「團體自治法理」（內部自治控制）為之。就此，重劃會之內部運作，應受會員大會之審議與監督，此部分則係受私法原則之規範。從而，自辦市地重劃堪認係一種公法與私法交錯適用之法領域[5]。

　　因此，主管機關雖將市地重劃任務交由重劃會執行，但主管機關仍有監督及審核權限，作為市地重劃業務之外部監督機制，例如籌備會成立核准、重劃會成立核准、重劃計畫書核定、會員大會及理事會列席、計算負擔總計表核定、抵費地出售同意及備查等，以確保重劃會確實執行市地重劃業務。

參、抵費地之定義及其出售程序

　　依據平均地權條例第60條第1項規定，市地重劃區內供公共使用之道路、溝渠、兒童遊樂場、鄰里公園、廣場、綠地、國民小學、國民中學、停車場、零售市場等十項用地，除以原公有道路、溝渠、河川及未登記地等四項土地抵充外，其不足土地及工程費用、重劃費用與貸款利息，由參加重劃土地所有權人按其土地受益比例共同負擔，並以重劃區內未建築土地折價抵付。此處所稱「未建築土地」，即是市地重劃之抵費地（以下簡稱「抵費地」），其出售所得價款應優先償還「重劃費用」、「工程費用」、「貸款及其利息」。「重劃費用」包括地上物拆遷補償費、地籍整理費及辦理重劃區必要之業務費；「工程費用」則包括道路、橋梁、溝渠、鄰里公

---

[5]　臺中高等行政法院102年度訴字第133號行政判決。

園、地下管道等公共工程之規劃設計費、施工費、材料費、工程管理費。

關於抵費地之出售，相較於一般土地買賣，買賣雙方就標的及價金達成合意後，簽訂不動產買賣契約書爲憑，即可辦理土地所有權移轉登記，抵費地出售有其特殊性，其程序如下：

一、重劃工程竣工驗收，並取得主管機關同意。

二、由理事會訂定抵費地出售方式、對象、價款及盈餘款，提報會員大會審議通過後辦理出售事宜。

三、會員大會審議通過抵費地出售案後，重劃會應檢附出售清冊二份，送請主管機關備查，主管機關於備查同時檢附出售清冊一份通知該管登記機關，作爲當事人申請移轉登記時之審查依據。

四、當事人辦理抵費地所有權移轉登記。

在自辦市地重劃採「受益者負擔原則」之下，原則上，以抵費地作爲重劃費用、工程費用、貸款及其利息之取償標的，涉及土地所有權人所投入開發資金回收及成本負擔，故抵費地如何出售，對於土地所有權人權益至關重要。因此，抵費地之處分雖屬重劃會會員大會權責事項，由理事會提報會員大會審議決定出售事宜，但在抵費地未出售前，形式上並未登記任何所有權人，而係以主管機關作爲管理機關[6]（獎勵重劃辦法第39條第2項），來擔保監控抵費地之出售順利執行，因而形成此一特殊程序。

肆、抵費地出售爭議之解決途徑

一、訴訟途徑：民事訴訟

當抵費地出售發生爭議時，由於自辦市地重劃，係參加市地重劃之土地所有人，根據平均地權條例第58條第2項授權訂定之獎勵重劃辦法所自行組成之自辦市地重劃區重劃會，本於私法自治之原則所作成之土地重劃分配，其性質具有高度之自治性與相當之自主性，且並無規定將公權力之行使託付予重劃會，此與行政程序法規定之行政委託之意義亦不相同。故

---

[6] 內政部96年3月22日內授中辦地字第0960724878號函。

而其與土地所有人間實為集體私法契約關係，並無上下隸屬或服從之關係存在。是重劃會與土地所有人間就市地重劃之重劃土地分配、差額地價補償及重劃費用之負擔，遷讓、交接土地等爭議、抵費地，自屬民事爭議[7]，應循民事訴訟途徑解決。

二、請求對象：自辦市地重劃區重劃會（以下簡稱「重劃會」）

(一) 重劃會組織之法律性質為何？

　　民法第26條規定：「法人於法令限制內，有享受權利負擔義務之能力。但專屬於自然人之權利義務，不在此限。」自辦市地重劃，係由重劃區範圍內之土地所有權人自行組織重劃會辦理相關程序，然而「重劃會」是否為民法上所稱之「法人」，而具有實體法上之權利能力，似有疑義。

　　針對上述自辦市地重劃會組織在法律上之性質，有下列法務部及內政部函釋可供參照：

1. 法務部79年10月9日（79）法律字第14583號函表示：「……自辦市地重劃，則屬私法性質，故其爭議應由重劃會與各土地所有權人循民事訴訟程序解決……於自辦市地重劃，如土地所有權人應繳納差額地價而逾期未繳納者，應由自辦市地重劃會以非法人團體之地位，訴請法院裁判，並得依保全程序聲請法院限制其土地之移轉登記。」

2. 內政部80年3月14日台（80）內地字第907647號函表示：「內容：查自辦市地重劃區重劃會，依獎勵土地所有權人辦理市地重劃辦法第三條規定，係以自辦市地重劃區內全體土地所有權人為會員所組成，依同辦法第二章重劃會之組織及職權規定，其性質為非法人團體……至於市地重劃區重劃會會員大會召開之條件、程序，會員之權利義務，與其理、監事之選任、解任等事宜，依同辦法第九條規定，為其章程應記載事項；若其記載未違反法令之強行或禁止規定，自應依其章程規定辦理……。」

---

[7] 最高法院104年度台上字第2118號民事判決、最高法院108年度台上字第1252號民事裁定、法務部79年10月9日法律字第14583號函。

　　由上開函釋說明可知，「自辦市地重劃會」在法律性質上爲「非法人團體」，並非屬於民法第26條所稱之「法人」。因此雖然在民事訴訟上，依民事訴訟法第40條規定雖得作爲訴訟當事人，然而「自辦市地重劃會」本身在實體法上並無權利能力（詳如後述）。

(二) 重劃會能否作爲不動產之所有人？

　　重劃會組織之法律性質既爲「非法人團體」，依法並不具有權利能力。又依最高法院68年度台抗字第82號民事裁定（原爲判例）意旨表示：「土地法所稱之權利人，係指民法第六條及第二十六條規定之自然人及法人而言，非法人之團體，設有代表人或管理人者，依民事訴訟法第四十條第三項規定，固有當事人能力，但在實體法上並無權利能力。」由此可知，重劃會本身因不具備實體法上之權利能力，從而無法以「重劃會名義」向地政機關請求登記爲抵費地或其他不動產物權之所有人。但依上開最高法院見解，重劃會是否即不能取得不動產物權以外之權利，或能否以重劃會之名義與他人締結買賣、委任或承攬契約，亦有疑問。

(三) 重劃會能否作爲契約（債權行爲）之主體，或能否取得不動產物權以外之權利？

　　對此問題，最高法院50年度台上字第2719號民事判決（原爲判例）表示：「非法人之團體雖無權利能力，然日常用其團體之名義爲交易者比比皆是，民事訴訟法第四十條第三項爲應此實際上之需要，特規定此等團體設有代表人或管理人者，亦有當事人能力。所謂有當事人能力，自係指其於民事訴訟得爲確定私權之請求人，及其相對人而言，若僅認許其爲當事人得以其名義起訴或被訴，而不許其爲確定私權之請求，則上開規定勢將毫無實益，當非立法之本意。」

　　再者，最高法院99年度台抗字第103號民事裁定復表示：「非法人之團體雖無權利能力，然日常用其團體之名義爲交易者比比皆是，民事訴訟法第四十條第三項爲應此實際上之需要，特規定此等團體設有代表人或管理人者，亦有當事人能力，許其爲確定私權之請求，本院五十年台上字第二七一九號判例意旨足供參考。又合夥財產，爲合夥人全體公同共有，於合夥關係存續中，執行合夥事業之合夥人爲他合夥人之代表，其爲合夥取

得之物及權利，亦屬合夥人全體公同共有，本院亦著有六十四年台上字第一九二三號判例可資參照。故合夥雖無權利能力，惟執行合夥事業之合夥人仍非不得以合夥名義與人為交易，而將其取得之物或權利歸屬全體合夥人公同共有；準此，執行合夥事業之合夥人以合夥名義參與投標，應買法院拍賣之不動產，自非法所不許。」

　　重劃會或其他非法人團體雖然不具有實體法上之權利能力，然而如不允許重劃會以自己名義締結契約，以完成重劃過程中所應完成之各項任務（如委任土地代理人代為處理土地變更登記、委任專業人士就重劃區內土地進行估價或分配規劃，或與廠商締結承攬契約以完成重劃區內之道路、橋梁、溝渠、鄰里公園、地下管道等公共工程），將使重劃工作窒礙難行，亦失去重劃會設立之基本目的。因此依上開最高法院見解，重劃會雖不得以自己名義取得不動產物權，但仍可以重劃會名義，與他人締結債權契約，或以自己名義取得不動產物權以外之權利之看法，應較符合上述最高法院判決意旨，亦與一般市場交易所認知之情況相符。

(四) 重劃會能否「出售」重劃區內之抵費地，並協同辦理抵費地之所有權移轉登記予買受人？

　　承上所述，重劃會組織之性質為非法人團體，並不具有實體法上之權利能力，亦不得以重劃會自己之名義取得抵費地所有權或其他不動產物權。然而平均地權條例第60條第1項規定，土地重劃區內之抵費地，係作為抵充區內各項公共工程費用之目的而保留，日後處分抵費地所得金錢，將用以支應上開重劃區內各項公共工程費用。由此看來，抵費地要如何處分，始能滿足重劃會組織之性質以及法律規定此二項看似相互矛盾之要求似值深入探討。本文認為，由下列法律規定可知，重劃會本身雖然無法直接取得抵費地所有權後，再以自己之名義出售予第三人，但對於抵費地之「處分」，重劃會依法具有相當於所有權人地位之處分權能，而可依重劃會之決議，將抵費地出售並協同辦理抵費地所有權移轉登記予買受人：

1. 首先，依獎勵重劃辦法第35條、第39條第2項、第42條第1項、第43條分別規定：「重劃分配結果公告期滿確定後，重劃會應即辦理實地埋設界樁，並檢附下列圖冊，申請直轄市或縣（市）主管機關辦理地

籍測量及土地登記：一、重劃前後土地分配清冊。二、重劃後土地分配圖。三、重劃前後地號圖。」、「抵費地在未出售前，以直轄市或縣（市）主管機關為管理機關，於出售後，登記與承受人。」、「自辦市地重劃區內抵費地之出售，應於重劃工程竣工驗收，並報經主管機關同意後為之。」、「抵費地出售後，應由重劃會造具出售清冊二份，送請該管直轄市或縣（市）主管機關備查，並由直轄市或縣（市）主管機關於備查同時，檢附清冊一份通知該管登記機關作為當事人申請移轉登記時之審查依據。」

2. 其次，「抵費地之出售經主管機關同意後，重劃會始得依獎勵辦法第四十二條第二項規定辦理。」、「抵費地出售清冊經主管機關備查後，由重劃會製作土地登記申請書、土地買賣所有權移轉契約書及土地增值稅申報書等文件，報請主管機關用印後，據以申辦土地所有權移轉登記程序。」在各縣市受理自辦市地重劃作業要點亦訂有明文。

3. 由上開規定可知，重劃會之重劃計畫書經主管機關備查、重劃分配結果公告期滿確定後，即可申請地方主管機關辦理地籍測量及土地登記。經登記後，等同於所有人處分抵費地之權能，實質上即由重劃會所取得，惟在未出售前，依規定將暫先以地方主管機關為管理機關登載於土地登記簿內。是以，重劃會自有權與他人締結抵費地之買賣契約，並依上開程序取得主管機關同意出售抵費地之核准或備查後，再以「重劃會」（出賣人或權利人）之地位及名義，依主管機關先前核准或備查之內容，協同辦理抵費地所有權移轉登記予買受人，使買受人取得抵費地之所有權，以滿足重劃會與抵費地買受人間買賣契約之終局目的。

(五) 小結

綜合上開法律規定及實務見解意旨可知，重劃會本身雖為非法人團體而不具有實體法上之權利能力，不得登記為抵費地或其他不動產之所有權人，但重劃會依法具有處分重劃區內抵費地之權限，並得依重劃會內部決議與他人締結買賣契約，以重劃會自己之名義、在主管機關核准之範圍內協同辦理抵費地所有權移轉登記予契約之買受人。是以，重劃會就抵費地

買賣契約所生之相關爭議，自得於民事訴訟程序中作為適格之當事人（原告或被告），並藉由訴訟程序確定私權之內容。

三、訴請重劃會出售或協同辦理抵費地所有權移轉登記應注意之重點

在一般私人間買賣不動產所有權之情形，因出賣人通常即為該不動產之所有權人，從而如出賣人不依雙方間買賣契約本旨履行協同辦理標的物所有權移轉登記之違約情況發生時，買受人即得依據買賣契約相關約定，請求法院判命出賣人協同辦理標的物所有權移轉登記相關程序，並於判決確定後，持確定判決逕向管轄地政機關辦理標的物所有權移轉登記即可。

然而在抵費地買賣發生爭議時，可能無法直接引用上述請求事項，直接向法院訴請重劃會辦理移轉登記。考量上述抵費地出售程序之特殊性，買受人於訴訟時，除須請求重劃會為抵費地所有權之移轉登記之外，可能需依個案情況，一併確認或向法院請求命重劃會應向主管機關為特定之申請或其他意思表示，始能藉由訴訟，徹底解決雙方間因抵費地買賣契約所生之爭議。

四、保全程序

此外，為確保本案請求得以實現，於起訴前或起訴後，債權人亦可考慮藉由保全程序取得執行名義，以保全強制執行。保全程序依其目的不同，可分為假扣押：就金錢請求或得易為金錢之請求保全強制執行；以及假處分：就金錢以外之請求保全強制執行。又非因請求標的之現狀變更，有日後不能強制執行，或甚難執行之虞者，不得為假扣押或假處分，此為假扣押或假處分之原因。債權人應就請求及假扣押或假處分原因予以釋明，釋明如有不足，債權人亦得陳明願供擔保以補釋明之不足，此觀諸民事訴訟法第532條、同法第533條準用第526條之規定即明。

基於抵費地出售之本案請求，乃請求重劃會向主管機關申請同意出售抵費地、檢附出售清冊向主管機關備查、為抵費地之移轉登記，請求之標的為特定物或行為，而非金錢，均屬金錢以外之請求，故債權人應循假處

分程序保全強制執行。然抵費地出售有其特殊程序，包含主管機關之同意與備查，則「抵費地」是否得爲假處分之標的，不免有疑。

就抵費地出售程序來看，抵費地在未出售前，以主管機關爲管理機關，於出售後，登記予承受人；自辦市地重劃區內抵費地之出售，應於重劃工程竣工驗收，並報經主管機關同意後爲之。但重劃工程未竣工驗收係因不可歸責於重劃會之事由，並經主管機關同意者，不在此限。前項抵費地出售方式、對象、價款及盈餘款之處理應由理事會訂定並提報會員大會通過後辦理之；會員大會之權責如下：「……六、抵費地之處分」，獎勵重劃辦法第39條第2項、第42條、第13條第1項第6款分別定有明文。是可知抵費地雖於未出售前由主管機關爲管理機關，但得由會員大會決議處分，且其出售，僅須於重劃工程竣工驗收，報經主管機關同意後即可爲之，另有關出售方式、對象、價款，係由理事會訂定並提報會員大會通過後即可，實務見解認爲「非屬不可出售之標的物」[8]。因此，抵費地出售程序雖較一般土地買賣特殊，依前開說明，仍可成爲民事訴訟法保全處分之標的。

惟於此另有疑問者，即抵費地之出售程序既有主管機關之同意及備查把關，是否代表抵費地之現狀不會變更，並無日後不能強制執行或甚難執行之虞？就主管機關核准抵費地出售之程序來看，其目的應僅在確認重劃工程是否已完成竣工驗收、重劃區地上物拆遷補償費是否已給付、差額地價及現金補償是否已繳領或提存、土地分配異議協調處理或訴請司法機關裁判是否已處理完畢、經法院判決確定應給付費用是否已給付，並不介入抵費地出售方式、對象、價款及盈餘款處理等實質內容。因此，抵費地有可能隨時經由會員大會決議，再經主管機關同意後處分，則縱使將來債權人對重劃會之本案訴訟獲得勝訴，亦即重劃會應將系爭土地移轉登記予債權人，然若重劃會於此之前即先行依法定程序處分抵費地，則債權人之本案訴求恐有不能或甚難強制執行之虞[9]，然而於個案中，債權人仍須提出必要之事證，以盡前述請求保全處分人之釋明義務，否則在個案中仍有可

8　臺灣高等法院高雄分院106年度抗字第66號民事裁定。
9　同前註。

能遭法院認為未能釋保全之原因及必要性，而遭法院駁回其聲請。

伍、結語

　　抵費地係自辦市地重劃制度下的產物，經重劃後的土地，其價值一般而言將高於重劃前原土地之價值，從而在重劃會依確定重劃分配結果分配土地後，將產生部分高於原土地價值，而無法依原土地價值分配予原土地所有權人之「多餘土地」。此處所稱之「多餘土地」，即為本文探討對象之「抵費地」，法律即預設以抵費地處分所得之金錢，用以償還或抵充重劃過程中所生各項公共工程所生費用，使得原土地所有權人，在實質上不需另行支付費用之情況下，即可分配取得重劃後形狀完整及面積大小適於利用之土地。而國家亦可藉由此一過程，在付出最低行政成本之情況下，完成其整理土地以及促進土地利用之行政任務。

　　基於上述抵費地同時涉及土地所有權人間私人利益，以及國家行政任務所涉及的公共利益，抵費地之買賣與私人間不動產買賣之程序亦有所不同。在抵費地買賣或處分時，國家為確認重劃程序確實完成、重劃區範圍內相關之基礎公共建設均符合法令，遂在法令許可之範圍內介入重劃程序之進行或檢驗相關工程是否符合規定。經主管機關核准後，重劃會始能處分抵費地，並以其所得金錢用以償付或抵充所生工程費用。

　　抵費地之買賣契約固為私法契約，遇有爭議時，應循民事訴訟途徑解決。然而為配合抵費地涉及之相關行政程序，買受人在提起民事訴訟欲解決相關爭議前，實應視個案情況，依序確認須請求法院判決之事項及其法律或契約依據，如此始能藉由訴訟程序一次徹底解決爭議，期能順利取得抵費地之所有權，以滿足抵費地買賣契約之終局目的。

何謂內線交易之「重大消息明確」——是否可能避免陷入內線交易民刑事訴訟泥淖？

壹、前言

證券交易法第157條之1明定禁止內線交易，如違反該規定，除面臨刑事責任外，具有上市櫃公司董監事身分者，尚需面臨財團法人證券投資人及期貨交易人保護中心（下稱「投保中心」）所提起解任董監訴訟與損害賠償訴訟[1]，在企業間常見投資併購合作之今日，實爲一需被重視之問

---

[1] 109年6月10日修正之證券投資人及期貨交易人保護法：「保護機構辦理前條第一項業務，發現上市、上櫃或興櫃公司之董事或監察人，有證券交易法第一百五十五條、第一百五十七條之一或期貨交易法第一百零六條至第一百零八條規定之情事，或執行業務有重大損害公司之行爲或違反法令或章程之重大事項，得依下列規定辦理：

一、以書面請求公司之監察人爲公司對董事提起訴訟，或請求公司之董事會爲公司對監察人提起訴訟，或請求公司對已卸任之董事或監察人提起訴訟。監察人、董事會或公司自保護機構請求之日起三十日內不提起訴訟時，保護機構得爲公司提起訴訟，不受公司法第二百十四條及第二百二十七條準用第二百十四條之限制。

二、訴請法院裁判解任公司之董事或監察人，不受公司法第二百條及第二百二十七條準用第二百條之限制，且解任事由不以起訴時任期內發生者爲限。

前項第二款訴請法院裁判解任權，自保護機構知有解任事由時起，二年間不行使，或自解任事由發生時起，經過十年而消滅。

第三十四條至第三十六條規定，於保護機構依第一項規定提起訴訟、上訴或聲請保全程序、執行程序時，準用之。

公司因故終止上市、上櫃或興櫃者，保護機構就該公司於上市、上櫃或興櫃期間有第一項所定情事，仍有前三項規定之適用。

保護機構依第一項第一款規定提起訴訟時，就同一基礎事實應負賠償責任且有爲公司管理事務及簽名之權之人，得合併起訴或爲訴之追加；其職務關係消滅者，亦同。

公司之監察人、董事會或公司依第一項第一款規定提起訴訟時，保護機構爲維護公司及股東權益，於該訴訟繫屬中得爲參加，並準用民事訴訟法第五十六條第一項規定。

第一項第二款之董事或監察人，經法院裁判解任確定後，自裁判確定日起，三年內不得充任上市、上櫃或興櫃公司之董事、監察人及依公司法第二十七條第一項規定受指定代表行使職務之自然人，其已充任者，當然解任。

第一項第二款之解任裁判確定後，由主管機關函請公司登記主管機關辦理解任登記。

公司已依法設置審計委員會者，第一項及第六項所稱監察人，指審計委員會或其獨立董事成員。」

題。

民國（下同）94年間，普訊創投董事長柯文昌因涉綠點內線交易案遭判刑九年，該案法院採認「簽訂無拘束力意向書」為重大消息之明確時點。為此，企業大老舉行記者會，公開呼籲法律應明確釐清併購消息時點，以免企業界無所適從。國泰金控董事長蔡宏圖指出，柯案對產業影響很大，因為沒有拘束力的意向書，只是表述意向，甚至不須經過董事會，沒有成案的案子比比皆是。蔡宏圖憂心，柯案的法官判決跟實務差異太大，以後企業經營者都不敢去探視對方有無意願，將對企業併購、合意投資產生很大影響，使得企業界無所適從。施振榮認為，未來產業競爭愈來愈激烈、國際化，併購、分割變成常態化，但是完全不符實務的判決，會將好不容易活絡起來的國內外產業併購、策略聯盟降溫。[2]

最高法院檢察署於駁回非常上訴之新聞稿則說明：「原審判決係審酌雙方之互動，已就本件併購案之併購價格、架構有共識，始以此為重大消息之明確始點，與文件名稱或程序無關，亦與其他業界所發生之案例事實不同，而難以比擬援用。」、「是本件原審判決在審酌併購雙方之進展及互動與共識後，綜合判斷下，始採比起訴檢察官更保守的『簽訂無拘束力意向書』為重大消息明確始點，並無不符國際併購之實務。」[3]

我國法院刑事判決就併購案重大消息明確時點之認定，常以「在某特定時間內（勢）必成為事實」、「重大消息所指內涵於一定期間必然發生之情形已經確定」，作為重大消息明確時點之判斷標準。然而，在投資併購案發生後，以事後諸葛之角度，容易認為重大消息已屬明確，但如排除事後諸葛之觀點，在實際案例中，因個案事實有異，上述標準往往產生全然不同的判斷結果。

就民事案件而言，於投保中心以內線交易爭議所提出的董監解任訴訟或損害賠償訴訟案件當中，民事法院就重大消息明確時點之認定，有早於刑事判決認定之例（最高法院106年度台上字第2438號、105年度台上字第85號等民事判決）。甚至亦有極端之案例，刑事法院筆錄已載明法官認

---

[2] 天下雜誌（104），〈創投教父被判刑　企業大老罕見出面力挺　官民四方大論戰〉，https://www.cw.com.tw/index.php/article/5073349?rec=i2i&from_id=5034721&from_index=5。

[3] 原文網址：https://www.tps.moj.gov.tw/media/60779/6113103332103.pdf?mediaDL=true。

為檢方就重大消息明確之舉證不足，但因被告認罪，刑事法院即未再深入調查，民事法院亦基於被告已於刑案認罪，而未詳實探究相關事實證據（臺灣高等法院臺南分院105年度金上字第1號民事判決，經最高法院109年度台上字第293號民事裁定維持）。

　　自本文整理之下述相關法令與近期最高法院判決，可看出實務見解認定內線交易之重大明確時點，存在明顯歧異。

貳、內線交易客觀構成要件──「重大消息明確」

一、重大消息之意義

　　證券交易法第157條之1第1項規定，成立內線交易者，須內部人獲悉「發行股票公司有重大影響其股票價格之消息」。所謂重大影響其股票價格之消息，係指同法第157條之1第5項規定「涉及公司之財務、業務或該證券之市場供求、公開收購，其具體內容對其股票價格有重大影響，或對正當投資人之投資決定有重要影響之消息」，該條項並授權主管機關訂定「其範圍及公開方式等相關事項之辦法」。

　　主管機關依上開規定訂有證券交易法第157條之1第5項及第6項重大消息範圍及其公開方式管理辦法（下稱「重大消息管理辦法」），敘明重大消息管理辦法第2條「涉及公司之財務、業務，對其股票價格有重大影響，或對正當投資人之投資決定有重要影響之消息」[4]、第3條「涉及該證

---

[4] 重大消息管理辦法第2條：「本法第一百五十七條之一第五項所稱涉及公司之財務、業務，對其股票價格有重大影響，或對正當投資人之投資決定有重要影響之消息，指下列消息之一：一、本法施行細則第七條所定之事項。二、公司辦理重大之募集發行或私募具股權性質之有價證券、減資、合併、收購、分割、股份交換、轉換或受讓、直接或間接進行之投資計畫，或前開事項有重大變更者。三、公司辦理重整、破產、解散、或申請股票終止上市或在證券商營業處所終止買賣，或前開事項有重大變更者。四、公司董事受停止行使職權之假處分裁定，致董事會無法行使職權者，或公司獨立董事均解任者。五、發生災難、集體抗議、罷工、環境污染或其他重大情事，致造成公司重大損害，或經有關機關命令停工、停業、歇業、廢止或撤銷相關許可者。六、公司之關係人或主要債務人或其連帶保證人遭退票、聲請破產、重整或其他重大類似情事；公司背書或保證之主債務人無法償付到期之票據、貸款或其他債務者。七、公司發生重大之內部控制舞弊、非常規交易或資產被掏空者。八、公司與主要客戶或供應商停止部分或全部業務往來者。九、公司財務報告有下列情形之一：(一)未依本法第三十六條規定公告申報者。(二)編製之財務報告發生錯誤或疏漏，有本法施行細則第六條規定應更正且重編者。(三)會計師出具無保留意見或修正式無保留意見以外之查核或核閱報告者。但依法律規定損失得分年攤銷，或第一季、第三季及半年度財務報告若因長期股權投資金額及其損益之計算係採被投資公司未經會計師查核簽證或核閱之報表計算等情事，經其簽證會計師出具保留意見之查核或核閱報告者，不在此限。(四)會計師出具

券之市場供求，對其股票價格有重大影響，或對正當投資人之投資決定有重要影響之消息」[5]、第4條「公司有重大影響其支付本息能力之消息」[6]。

重大消息管理辦法固可爲判斷「重大消息」之參考，然而「重大消息」的意義應以證券交易法第157條之1第5項規定爲依據，法院倘認法規命令與母法有所扞格，法院仍可拒絕適用（司法院釋字第137號、第216號解釋參照）。是以，縱然是重大消息管理辦法所列事項，法院仍應就個案具體判斷是否符合「涉及公司之財務、業務或該證券之市場供求、公開收購，其具體內容對其股票價格有重大影響，或對正當投資人之投資決定有重要影響之消息」之要件[7]。

法院判決意旨曾指出，與公司財務業務等營運相關之下列情事屬於重大消息，如：公司財務周轉困難[8]；公司因營運不善或市場變化等因素，發生鉅額虧損，導致瀕臨停業、大幅調降盈餘目標或財務預測，或導致銀行抽銀根等[9]；因認列所得稅利益增加當年度盈餘，或營運好轉，營收

繼續經營假設存有重大疑慮之查核或核閱報告者。十、公開之財務預測與實際數有重大差異者或財務預測更新(五)與原預測數有重大差異者。十一、公司營業損益或稅前損益與去年同期相較有重大變動，或與前期相較有重大變動且非受季節性因素影響所致者。十二、公司有下列會計事項，不影響當期損益，致當期淨值產生重大變動者：(一)辦理資產重估。(二)金融商品期末評價。(三)外幣換算調整。(四)金融商品採避險會計處理。(五)未認列爲退休金成本之淨損失。十三、爲償還公司債之資金籌措計畫無法達成者。十四、公司辦理買回本公司股份者。十五、進行或停止公開收購公開發行公司所發行之有價證券者。十六、公司取得或處分重大資產者。十七、公司發行海外有價證券，發生依上市地國政府法令及其證券交易市場規章之規定應即時公告或申報之重大情事者。十八、其他涉及公司之財務、業務，對公司股票價格有重大影響，或對正當投資人之投資決定有重要影響者。」

5　重大消息管理辦法第3條：「本法第一百五十七條之一第五項所稱涉及該證券之市場供求，對其股票價格有重大影響，或對正當投資人之投資決定有重要影響之消息，指下列消息之一：一、證券集中交易市場或證券商營業處所買賣之有價證券有被進行或停止公開收購者。二、公司或其控制公司股權有重大異動者。三、在證券集中交易市場或證券商營業處所買賣之有價證券有標購、拍賣、重大違約交割、變更原有交易方法、停止買賣、限制買賣或終止買賣之情事或事由者。四、依法執行搜索之人員至公司、其控制公司或其符合會計師查核簽證財務報表規則第二條之一第二項所定重要子公司執行搜索者。五、其他涉及該證券之市場供求，對公司股票價格有重大影響，或對正當投資人之投資決定有重要影響者。」

6　重大消息管理辦法第4條：「本法第一百五十七條之一第六項所稱公司有重大影響其支付本息能力之消息，指下列消息之一：一、本法施行細則第七條第一款至第三款所定情事者。二、第二條第五款至第八款、第九款第四目及第十三款所定情事者。三、公司辦理重整、破產或解散者。四、公司發生重大虧損，致有財務困難、暫停營業或停業之虞者。五、公司流動資產扣除存貨及預付費用後之金額加計公司債到期前之淨現金流入，不足支應最近期將到期之本金或利息及其他之流動負債者。六、已發行之公司債採非固定利率計息，因市場利率變動，致大幅增加利息支出，影響公司支付本息能力者。七、其他足以影響公司支付本息能力之情事者。前項規定，於公司發行經銀行保證之公司債者，不適用之。」

7　賴英照（2009），《最新證券交易法解析》，再版，臺北：三民書局，頁509；吳淑莉、周天（2008），〈內線交易要件與涉及財務或業務重大消息之具體認定〉，《月旦法學雜誌》，161期，頁5-6；Thomas Lee Hazen (2009), *The Law of Securities Regulation*, West Academic Publishing, p. 495。

8　臺灣高等法院高雄分院96年度金上訴字第3號、臺灣高雄地方法院93年度金訴字第2號刑事判決。

9　最高法院99年度台上字第5296號、臺灣高雄地方法院90年度訴字第2171號、臺灣臺北地方法院92年度易字第395號、臺灣高等法院94年度上重更(一)字第18號、臺灣高等法院台中分院96年度金上更(一)字第236

大幅成長，調升財務預測[10]；出售資產獲鉅額收入，使公司獲利大幅增加或轉虧為盈[11]；負責人掏空資產或侵占公司巨額資金[12]；為關係企業背書的支票有跳票之虞[13]；證交所對公司進行專案檢查，或檢調對公司發動偵查、搜索[14]；公司聲請重整[15]；公司負責人發生不履行交割[16]。

二、近期最高法院對於併購案件重大消息明確時點之見解

實務上如何認定併購案件重大消息明確時點，可由近期幾則法院判決觀察。

(一) 力晶案

本案併購類型屬於包含策略聯盟之資產收購。旺宏公司價值約70餘億元之十二吋晶圓三廠閒置多年，廠房價值每年產生大約10億元的折舊，並負擔鉅額利息支出，故於94年間有意出售閒置多時之晶圓三廠廠房資產。適黃崇仁主導之力晶公司因DRAM景氣熱絡，亟於取得新晶圓廠房，以增加力晶公司相關產能，惟因蓋新廠需要取得土地與一年以上的建廠時間，故有意藉由取得旺宏公司十二吋晶圓廠彌補力晶公司因在新竹科學工業園區建廠土地取得延遲所導致的產能擴張空窗期；又旺宏公司有意藉由晶圓三廠資產出售時機尋求與力晶公司策略聯盟合作，除了減輕旺宏公司費用的分擔，更可結合雙方的資源，故旺宏公司董事長吳敏求希望尋求將「買賣晶圓三廠廠房」與「策略聯盟」二案合併作為與力晶公司洽談交易之標的條件。雙方取得初步共識後，旺宏公司董事長吳敏求遂指派專案團隊，雙方針對「買賣晶圓三廠廠房」與「策略聯盟」二案進行可行性評估及協商程序。雙方最後於95年1月18日簽訂備忘錄及召開董事會通

號刑事判決。

[10] 臺灣高等法院89年度上易字第4472號刑事判決。

[11] 臺灣高等法院91年度上易字第164號、92年度上易字第560號刑事判決。

[12] 臺灣高等法院91年度上重更(一)字第25號刑事判決。

[13] 臺灣高等法院臺南分院96年度重金更(一)字第212號刑事判決。

[14] 臺灣高等法院99年度重金上更(一)字第2號刑事判決。

[15] 臺灣高等法院臺南分院98年度上更(一)字第123號刑事判決。

[16] 臺灣臺中地方法院92年度金重訴字第1136號、臺灣高等法院臺中分院93年度金上重訴第22號、最高法院93年度台上字第6014號、臺灣高等法院臺中分院93年度金上重更(一)字第64號、最高法院97年度台上字第5733號、臺灣高等法院臺中分院93年度金上重更(一)字第64號刑事判決。

過相關議案，並於當日公告訊息於公開資訊觀測站。[17]

歷審法院認定之重大消息明確時點如下：

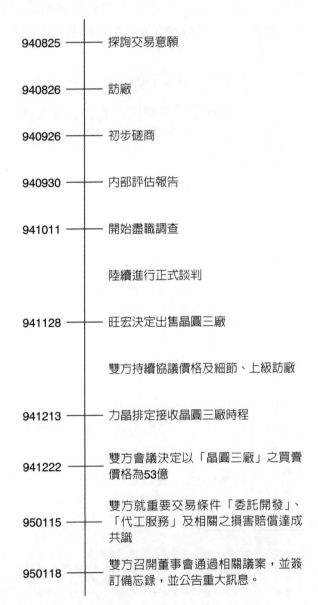

	940825 ——	探詢交易意願
	940826 ——	訪廠
	940926 ——	初步磋商
	940930 ——	內部評估報告
	941011 ——	開始盡職調查
		陸續進行正式談判
	941128 ——	旺宏決定出售晶圓三廠
		雙方持續協議價格及細節、上級訪廠
臺灣高等法院107年度金上更二字第6號民事判決	941213 ——	力晶排定接收晶圓三廠時程
臺灣高等法院99年度金上訴字第33號刑事判決、最高法院104年度台上字第78號刑事判決	941222 ——	雙方會議決定以「晶圓三廠」之買賣價格為53億
臺灣新竹地方法院97年度矚訴字第2號刑事判決	950115 ——	雙方就重要交易條件「委託開發」、「代工服務」及相關之損害賠償達成共識
臺灣高等法院102年度重金上更(一)字第4號刑事判決	950118 ——	雙方召開董事會通過相關議案，並簽訂備忘錄，並公告重大訊息。

---

[17]　臺灣高等法院102年度重金上更(一)字第4號刑事判決。

最高法院104年度台上字第78號刑事判決認為，雙方於94年12月22日召開會議以53億元成交，應認為94年12月22日屬重大消息成立時點。判決指出：「鑒於企業併購案之進行必須經歷一連串處理程序，參考前述美國實務案例之必要之合致協議原則，並考量明確性與重大性之需要，對於企業併購流程中其重大訊息明確點之認定，宜以實地查核進行後，針對併購價格及主要併購契約架構完成作為重大影響其股票價格之消息已經明確之時點。是以，本案交易案，至遲應以第12個時點『94年12月中，力○公司與旺宏公司持續就價格部分協議，於94年12月16日召開會議（決議內容：廠房以新臺幣（下同）48億元買斷成交，另開始擬具MOU及準備後續董事會召開事宜等）、再於94年12月22日召開會議以53億元成交（決議內容：廠房以53億元買斷成交，並準備後續董事會召開事宜等），確立旺宏公司與力○公司買賣十二吋晶圓三廠之目標』，即94年12月22日價格洽定時為其重大消息明確之時點。」[18]

然而，在投保中心提起的民事損害賠償訴訟中，最高法院106年度台上字第2438號民事判決並未採取與刑案判決相同之見解，並指出重大消息明確時點可能早於94年12月22日。發回更審後，臺灣高等法院107年度金上更二字第6號民事判決認定消息成立日為較早的94年12月13日，並指出刑事判決不能拘束民事庭之認定，該判決認定：「堪認被上訴人應至遲於力晶公司在94年12月16日會議前，先行於94年12月13日召開之副總裁會議當日，即可預見旺宏公司與力晶公司針對買賣價格應可達到共識，並獲悉系爭消息在某特定期間內勢必成為事實，進而於翌日即提出預算規劃案。則94年12月13日自可謂為系爭消息成立……上開刑事判決，自不能拘束本院之認定」。

(二) 綠點案

本件美商捷普公司（Jabil Circuit, Inc，以下稱美商捷普公司）透過臺灣捷普科技股份有限公司（下稱臺灣捷普公司），公開收購綠點高新科技股份有限公司（下稱綠點公司）股份，並採吸收合併之方式，合併綠點

---

[18] 見最高法院104年度台上字第78號刑事判決理由欄六。

公司，合併後臺灣捷普公司為存續公司。

　　綠點公司為手機機殼製造商，自94年間起，綠點公司亟思擴大客戶群，欲爭取成為Nokia手機之供應商，考量紐約證券交易所上市公司美商捷普公司為Nokia全球三大供應商之一，且該公司並無生產製造手機機殼之能力，在斟酌客戶面與產業垂直整合面之互補性，認為美商捷普公司為綠點公司最適合之合作對象，便積極爭取與美商捷普公司合作；於94年10月間，綠點公司結識臺灣花旗投資銀行，並在該行及美國花旗銀行引薦下，前往美商捷普公司總部，與美商捷普公司負責開發新領域投資業務之高階主管、該公司負責投資併購之高階主管及該公司負責Nokia業務之高階主管會面，再於94年10月中旬由美商捷普公司帶領相關技術人員先後至綠點公司大陸天津廠與臺灣廠進行參訪，雙方自此建立溝通之管道，美商捷普公司雖一度提出欲以綠點公司合組團隊或併購綠點公司等提案，然並無結論，惟美商捷普公司高階主管經過多次至綠點公司各工廠參訪，瞭解綠點公司之能力後，自95年6月起，重提欲與綠點公司合作事宜，並在臺灣花旗投資銀行購併團隊協助下，密切磋商雙方合作之方案。綠點公司最後於95年11月24日通過簽署合併契約案，並於同日公布訊息於公開資訊觀測站。[19]

　　歷審法院認定之重大消息明確時點如下：

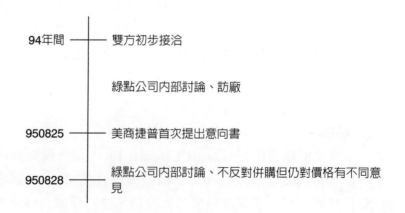

94年間 ── 雙方初步接洽

綠點公司內部討論、訪廠

950825 ── 美商捷普首次提出意向書

950828 ── 綠點公司內部討論、不反對併購但仍對價格有不同意見

[19] 臺灣高等法院102年度金上重更(一)字第7號刑事判決。

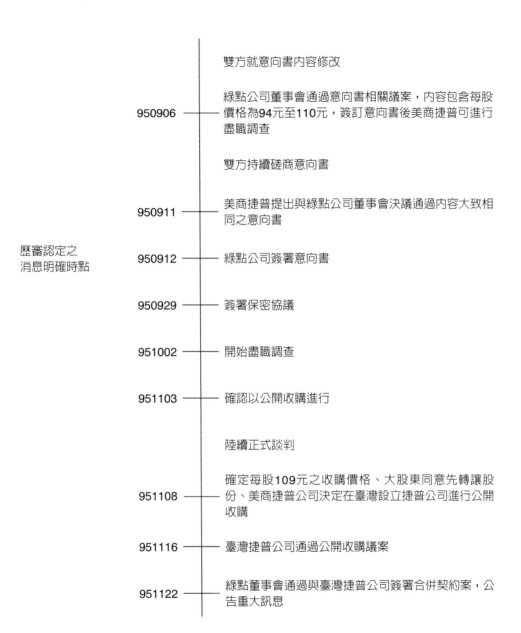

歷審認定之
消息明確時點

950906 ── 雙方就意向書內容修改

綠點公司董事會通過意向書相關議案，內容包含每股價格為94元至110元，簽訂意向書後美商捷普可進行盡職調查

雙方持續磋商意向書

950911 ── 美商捷普提出與綠點公司董事會決議通過內容大致相同之意向書

950912 ── 綠點公司簽署意向書

950929 ── 簽署保密協議

951002 ── 開始盡職調查

951103 ── 確認以公開收購進行

陸續正式談判

951108 ── 確定每股109元之收購價格、大股東同意先轉讓股份、美商捷普公司決定在臺灣設立捷普公司進行公開收購

951116 ── 臺灣捷普公司通過公開收購議案

951122 ── 綠點董事會通過與臺灣捷普公司簽署合併契約案，公告重大訊息

　　本案最高法院104年度台上字第3877號刑事判決維持歷審之認定，仍以雙方於95年9月12日簽訂意向書時為消息成立時點，該判決指出：「依原判決認定之事實：美商捷普公司於95年9月11日之『無拘束力意向書』內容，係與綠點公司同年9月6日董事會決議內容大致相同，並經江懷海

於同年9月12日代表綠點公司簽署『無拘束力意向書』回傳予美商捷普公司等情。則原判決認為雙方已就本件併購案之併購價格、架構有共識,尚非無據。參以所謂『初步意向書』、『意向書』或『無拘束力意向書』並非偏重在所使用之名稱,而應著重於個別併購案所簽署文件之具體內容,且所簽署文件有無約定法律上之拘束力,亦非絕對判斷標準。是以,其他併購案所簽署『意向書』或『無拘束力意向書』,縱認欠缺認定重大消息成立時點之要素,亦不能因此即認本件併購案所簽署『無拘束力意向書』即具備同樣情形。」、「又原判決既認定95年9月12日係重大消息明確時點,則其縱未再就該日期後,美商捷普公司自95年10月2日起進行之『實地查核』是否影響重大消息時點之認定為論敘說明,並無礙於柯文昌等三人犯罪事實之認定。至於上訴意旨所指本院102年度台上字第3250號、103年度台上字第3220號、104年度台上字第78號、104年度台上字第2932號判決,對於重大消息明確時點之認定基準,以及『實地查核』與重大消息明確時點之關聯所為闡述,因案例事實既非完全一致,尚無從據以比附援引,無由遽認原判決有上訴意旨所指判決適用法則不當之違法。」

(三) 新竹商銀案

英商渣打銀行(下稱渣打銀行)有意以公開收購股權之方式,併購新竹國際商業銀行股份有限公司(下稱新竹商銀),乃於95年3月間派代表,與新竹商銀總經理等就併購事宜進行接觸,雙方代表並於95年5月10日簽訂保密契約。

渣打銀行於95年6月28日出具第1次併購要約書予新竹商銀,展現其併購之誠意,及說明未來交易架構、併購後之遠景。渣打銀行、新竹商銀復分別委任財務顧問公司於95年7月17日至同年月28日就新竹商銀相關文件、資料進行盡職調查。嗣於95年8月23日,渣打銀行代表與新竹商銀總經理,就渣打銀行收購新竹商銀股權事宜進行首次議價協商,惟因渣打銀行及新竹商銀買賣雙方之出價分別為每股新臺幣(下同)20元及29元,差距過大而無共識。雙方復於同月30日進行第2次議價協商,雙方達成以每股不低於24元之股權價格收購之共識。新竹商銀最後於95年9月29日董

事會通過公開收購相關議案，並於當日公告於公開資訊觀測站[20]。
　　歷審法院認定之重大消息明確時點如下：

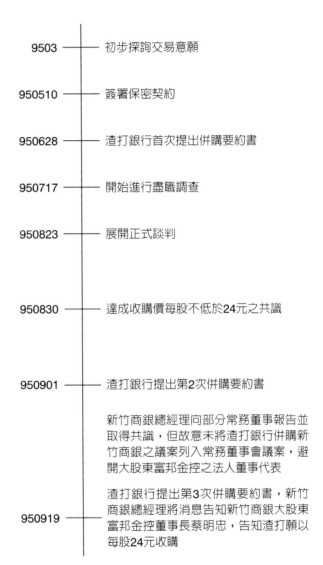

臺灣臺北地方法院97年度金重訴字第6號刑事判決、臺灣高等法院100年度金上重訴字第59號刑事判決、最高法院105年度台上字第85號民事判決

9503 —— 初步探詢交易意願

950510 —— 簽署保密契約

950628 —— 渣打銀行首次提出併購要約書

950717 —— 開始進行盡職調查

950823 —— 展開正式談判

950830 —— 達成收購價每股不低於24元之共識

950901 —— 渣打銀行提出第2次併購要約書

新竹商銀總經理向部分常務董事報告並取得共識，但故意未將渣打銀行併購新竹商銀之議案列入常務董事會議案，避開大股東富邦金控之法人董事代表

950919 —— 渣打銀行提出第3次併購要約書，新竹商銀總經理將消息告知新竹商銀大股東富邦金控董事長蔡明忠，告知渣打願以每股24元收購

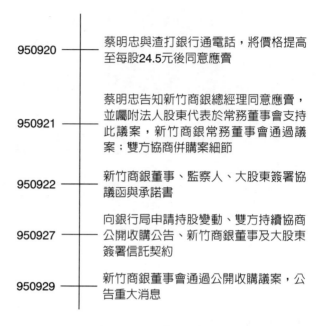

臺灣高等法院103年度金上重更(一)字第14號刑事判決、最高法院106年度台上字第1503號刑事判決

950920	蔡明忠與渣打銀行通電話，將價格提高至每股24.5元後同意應賣
950921	蔡明忠告知新竹商銀總經理同意應賣，並囑附法人股東代表於常務董事會支持此議案，新竹商銀常務董事會通過議案；雙方協商併購案細節
950922	新竹商銀董事、監察人、大股東簽署協議函與承諾書
950927	向銀行局申請持股變動、雙方持續協商公開收購公告、新竹商銀董事及大股東簽署信託契約
950929	新竹商銀董事會通過公開收購議案，公告重大消息

　　該案最高法院106年度台上字第1503號刑事判決肯定臺灣高等法院103年度金上重更(一)字第14號刑事判決之見解，指出「倘富邦集團不同意應賣，甚至與渣打銀行競爭經營權，則渣打銀行在不願進行惡意併購之下，極可能放棄本件公開收購案。」、「直至渣打銀行於95年9月19日提出第3次併購要約書，始於該日中午告知富邦金控公司董事長蔡○忠，並於翌日正式提出上開併購要約書予富邦金控公司總經理及投資事業群負責人龔○行確認，蔡○忠與富邦金控公司副董事長蔡○興討論後，於同年月20日晚間7時許與渣打銀行財務長Peter Sands聯繫，表示同意應賣，但要求將應買價格提高到每股24.5元，並獲Peter Sands允諾後，至此本件渣打銀行與以吳○偉為代表之三大家族、富邦集團間關於本件收購案之重大消息，始告明確」。

　　但於投保中心提起的民事損害賠償訴訟案中，最高法院105年度台上字第85號民事判決做出與刑事判決不同之認定，認定95年8月30日為消息明確時點，該判決指出：「原審以○○商銀總經理吳○○於95年8月30日與○○銀行人員第二次協商時，已達成『○○銀行至少以每股二十四元之價格公開收購○○商銀之股份』之初步協議；而當日○○銀行及其財務顧

問與瑞士信貸公司、理律法律事務所討論向各主管機關申請核准時程及如何達到保密，且同日○○商銀與Credit Suisse（Hong Kong）Limited簽署有關股權出售交易之委任契約。基此事實，已足認○○銀行公開收購○○商銀股份，在95年8月30日初步協議後已有相當可能實現；該公開收購消息，對於系爭股票價格及正當投資人之投資決定有重大影響，因而認系爭重大消息係於該日成立」。

(四) 東森媒體案

　　美商凱雷集團（下稱凱雷集團）利用100%持有之子公司盛澤股份有限公司（下稱盛澤公司），收購東森國際股份有限公司（下稱東森國際）所持有東森媒體科技股份有限公司（下稱東森媒體）股權，盛澤公司持有東森媒體股權超過90%後，經董事會決議進行合併，合併後以盛澤公司為存續公司，東森媒體公司為消滅公司[21]，屬於現金逐出合併[22]之態樣。

　　94年間，因資金需求，東森媒體董事會討論洽商出售股票，且所有董事希望出售價格一樣，並由王令麟處理。東森媒體在與自由媒體與新橋接觸後，凱雷集團亦欲收購東森媒體股權至少67%，以及取得纜線數據機寬頻上網業務（下稱Cable Modem）業務，然為能搶下東森媒體經營權，遂利用亞太固網公司亟須出售Cable Modem業務，以解決財務困境之機會，構思以綁約購買方式為之，即對東森媒體股權提高出價（每股32.5元），且將所增加之大部分成本轉嫁予購買亞太固網公司Cable Modem業務上，亦即以低於市場行情價買下亞太固網公司Cable Modem業務，並將購買東森媒體公司股權及亞太固網公司Cable Modem業務二份契約綁在一起，二者互為交割條件，具有因果關係。

　　由於凱雷集團願意提出較自由媒體與新橋更高之價格，王令麟於95年3月9日代表東森媒體53%股權（其中包含東森國際持有18.11%之東森媒體股權）與凱雷集團簽訂意向書。

---

[21] 嗣於95年8月11日盛澤公司與其持股100%之子公司東禾媒體股份有限公司依企業併購法第18條規定經董事會決議進行合併，合併基準日為95年8月12日，合併後以盛澤公司為消滅公司，東禾公司為存續公司，並更名為東森媒體科技股份有限公司，復於96年11月1日變更名稱為凱擘股份有限公司。

[22] 陳盈良（99），《控制權溢價之研究──從凱雷收購東森媒體科技一案出發》，國立政治大學法律科技整合研究所碩士論文，頁6。

　　是以，該二契約均於條款中列明將購買亞太固網公司Cable Modem業務與東森媒體股權購買案互定為交割先決條件，即若有一方契約未簽署，則可無條件解除原先契約。最後東森國際於95年9月6日臨時董事會通過股權交易案，並於翌日公布於公開資訊觀測站。[23]

　　歷審法院認定之重大消息明確時點如下：

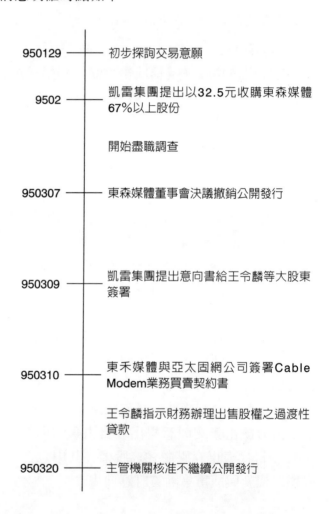

臺灣臺北地方法院96年度矚重訴字第2號刑事判決、臺灣高等法院98年度矚上重訴字第23號刑事判決、臺灣高等法院102年度金上重更(一)字第16號刑事判決、臺灣高等法院105年度金上重更(二)字第14號刑事判決

950129	初步探詢交易意願
9502	凱雷集團提出以32.5元收購東森媒體67%以上股份
	開始盡職調查
950307	東森媒體董事會決議撤銷公開發行
950309	凱雷集團提出意向書給王令麟等大股東簽署
950310	東禾媒體與亞太固網公司簽署Cable Modem業務買賣契約書
	王令麟指示財務辦理出售股權之過渡性貸款
950320	主管機關核准不繼續公開發行

23　臺灣臺北地方法院96年度矚重訴字第2號刑事判決、臺灣高等法院98年度矚上重訴字第23號、102年金上重更(一)字16號刑事判決。

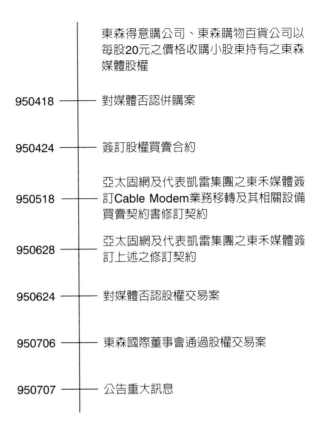

最高102年度台上字第3250號
刑事判決質疑可能為此時點

東森得意購公司、東森購物百貨公司以
每股20元之價格收購小股東持有之東森
媒體股權

950418 —— 對媒體否認併購案

950424 —— 簽訂股權買賣合約

950518 —— 亞太固網及代表凱雷集團之東禾媒體簽
訂Cable Modem業務移轉及其相關設備
買賣契約書修訂契約

950628 —— 亞太固網及代表凱雷集團之東禾媒體簽
訂上述之修訂契約

950624 —— 對媒體否認股權交易案

950706 —— 東森國際董事會通過股權交易案

950707 —— 公告重大訊息

　　臺灣高等法院105年度金上重更(二)字第14號刑事判決維持一審認定95年3月9日為消息明確時點，但認為股票之交易與內線消息無關，該判決指出：「『凱雷集團』於95年1月底、2月初某日，即已向被告甲○○表達欲購買東森媒體公司股權之意，雙方並於95年3月初即開始進行磋商，當時『凱雷集團』係提出欲收購東森媒體公司股權67%以上，價金為每股32.5元等條件，經被告甲○○表示同意而簽訂系爭意向書，此時雙方已就東森媒體公司股權買賣之交易標的、每股單價及至少收購股數等契約必要之點達成協議或共識。是綜合本件東森國際公司出售所持有東森媒體公司股權予『凱雷集團』之前揭經過及結果，自堪認被告甲○○於95年3月9日簽收『凱雷集團』所提系爭意向書時，不僅確有出售前揭『67%以上』東森媒體公司股權之真意，並已認知依其當時實際掌握之前揭東森媒體公司持股，其確可依約完成交易而獲利。從而，依前揭說明所示，自應認

爲被告甲○○於95年3月9日簽收『凱雷集團』所提系爭意向書時，即爲本件重大消息成立之時點。」、「黃鈺婷依被告甲○○前揭指示，而以森暉旅行社名義買入之東森國際公司股票，尙難認與公訴意旨所指於『95年3月9日』成立之系爭消息或重大消息有何關聯性，亦難認被告甲○○確有利用其獲悉系爭消息已於95年3月9日成立之機會，於『95年3月9日』當日或其後某日，指示不知情之黃鈺婷以森暉旅行社帳戶買入如附表一編號43至59所示，合計1萬9,674張東森國際公司股票之實情。從而，被告甲○○辯稱其係在『95年3月9日以前』，即依既定計畫，指示黃鈺婷以森暉旅行社等前揭3家公司名義，買入東森國際公司股票，自『95年3月9日以後』則未再具體指示黃鈺婷買進東森國際公司股票之抗辯，自難認爲全無可採，依罪證有疑，利歸被告之刑事證據法則，自應爲有利於被告甲○○之判斷。」本案經最高法院108年度台上字第192號刑事判決駁回檢察官上訴後確定。

(五) 南紡案

前述幾個案例中，最高法院刑事判決尙屬依循「重大消息所指內涵於一定期間必然發生之情形已經明確，或有事實足資認定事實已經發生」、「於某特定時間內（勢）必成爲事實」之判斷標準，所認定之重大消息明確時點大致係在「價格達成共識」或「簽署代表一定程度共識之文件」後。

然於南紡案之刑事程序，臺灣臺南地方法院合議庭審判長於104年6月24日行審判程序時，本於其客觀性義務曉諭公訴檢察官：「起訴書所載102年8月27日聚陽、南方兩家公司海外合作重大消息已經具體明確，依聚陽公司蔡維溢、邱清松之筆錄表示，到9月3日才跟南紡的人說，他們公司接受0.8元的價格，是否仍認爲8月27日已經算消息明確？」雖公訴檢察官稱：「8月27日應該是0.8美元雙方以獲得共識，如果沒有獲得共識，雙方應該沒有回去高層報告的必要。」但審判長仍進一步詢問：「卷內聚陽公司的人員證稱，8月27日被授權談判的金額是0.75美元，因此8月27日的會議結論0.8美元各自回去向公司高層報告的結論，是否可以認定是本件的合併案已經達到消息明確的時間？」公訴檢察官乃稱：「若此部分

庭上有疑義，公訴人再另以書狀聲請調查證據。」（該院103年金訴字第6號刑事案件104年6月24日審判筆錄）

足見該案第一審合議庭並未盡信檢察官於起訴書所認定之重大消息明確時點，並當庭曉諭公訴檢察官釐清本案系爭重大消息究於何時具體明確。該案被告（南紡公司董事長）於102年8月29日買入300仟股南紡公司股票之行為，是否該當內線交易罪，自應調查、釐清。然而，因被告於刑事偵查程序已為認罪之表示，公訴檢察官嗣並未聲請傳喚證人到庭詰問，法院亦未依刑事訴訟法第163條第2項規定為必要之調查，即作成103年度金訴字第6號刑事判決，認定：「102年8月20日、同年月27日二次會議，雙方談判代表逐漸縮小談判歧見，及102年8月27日開會當天，聚陽公司談判代表就合併案中必要之點即南方公司每股售價，同意將南紡公司談判代表提出每股0.8美元之售價向高層陳報之協議過程做客觀上觀察，可知斯時南紡公司出售孫公司南方公司股權與聚陽公司於某特定時間內必成為事實已經明確。」

另在投保中心所提解任董事訴訟中，南紡公司提出諸多答辯理由，但法院對於有利於南紡公司之下列主張並未審酌：

「伊（即南紡公司）出資設立子公司南紡（越南）公司，南紡（越南）公司再單獨出資設立南方公司，由專業經理人負責實際管理南方公司事宜。南方公司無論在資本或營收上，對於南紡公司之貢獻極低，甚至在96至99年間貢獻為0仟元，102年度南方公司對南紡公司之貢獻亦僅有1.56%」；

「102年8月20日，○○○、○○○等人代表伊公司，與聚陽公司○○○、○○○、○○○、○○○等人進行會談，依據蓋有聚陽公司大小章之書面會議記錄記載，以及○○○、○○○之證言，當日雙方對於投資架構、投資方式及投資標的仍處於初步交換意見階段。雙方於102年8月27日再次進行會商，聚陽公司代表被授權之上限為0.75美元，伊公司之代表則堅持0.8美元，因雙方代表皆無決定權限，故各自回公司徵詢高層意見，合作案是否可成，猶未可知。另依據102年8月30日聚陽公司會議記錄，揭示聚陽公司亦有放棄投資之選項。因此，併購案件在雙方初步磋商過程，若僅有意見交換，而未就具體重要事項如交易價格、交易架構、其

他重要條件等均達成共識，則難謂併購案已臻明確。再者，以伊提出之102年9月6日合約草稿，與雙方於同年10月31日簽訂之合約兩相對照，內容差異甚大，足見102年8月27日時，聚陽公司併購南方公司一案尚未達具體明確之程度。」；

「於102年7月31日持有伊公司之股票共為9,735萬5,604股，其在同年8月29日依過去多年習慣所買進之300張股票，僅占總持股數約0.3%，其非因獲悉併購案之談判內容而購買股票，而係為支持祖父一手開創之事業，多年來持續大量購入伊公司股票之習慣。侯博明雖於刑事程序中認罪，但並未自白或承認係基於任何消息，亦與聚陽公司併購南方公司一案無關連。」

然臺灣高等法院臺南分院105年度金上字第1號民事判決就上述爭點卻未獨立判斷，逕以「價格趨近一致時，即為重大消息明確時點」之寬鬆標準，認定該案構成內線交易，該判決並錯誤適用舊證券交易法，最高法院亦以109年度台上字第293號民事裁定維持該判決。

三、結論

依力晶案之刑事判決，法院認為在內部評估報告、盡職調查、陸續進行正式談判、旺宏決定出售晶圓三廠、雙方持續協議價格及細節、上級訪廠、力晶排定接收晶圓三廠時程、雙方會議決定以「晶圓三廠」之買賣價格為53億後，才認定重大消息明確。

綠點案刑事判決認定在雙方初步接洽、綠點公司內部討論、訪廠、美商捷普首次提出意向書、綠點公司內部討論、不反對併購但仍對價格有不同意見、雙方就意向書內容修改、綠點公司董事會通過意向書相關議案，內容包含每股價格為94元至110元，簽訂意向書後美商捷普可盡職調查、雙方持續磋商意向書、美商捷普提出與綠點公司董事會決議通過內容大致相同之意向書、綠點公司簽署意向書後，才認定重大消息明確。

新竹商銀刑事判決則認定在初步探詢交易意願、簽署保密契約、渣打銀行首次提出併購要約書、開始進行盡職調查、展開正式談判、達成收購價每股不低於24元之共識、渣打銀行提出第2次併購要約書、新竹商銀總

經理吳志偉向部分常務董事報告並取得共識、渣打銀行提出第3次併購要約書，吳志偉將消息告知新竹商銀大股東富邦金控董事長蔡明忠，告知渣打願以每股24元收購、蔡明忠與渣打銀行通電話，將價格提高至每股24.5元後同意應賣後，才認定重大消息明確。

　　東森媒體案之刑事判決雖認為王令麟等大股東簽署意向書時重大消息明確，但認為股票之購買與內線消息無關。

　　依照上述分析，最高法院刑事庭大多數見解係依循「重大消息所指內涵於一定期間必然發生之情形已經明確，或有事實足資認定事實已經發生」、「於某特定時間內（勢）必成為事實」之標準，認定之重大消息明確時點大致係在「價格達成共識」或「簽署代表一定程度共識之文件」，例如雙方均已確認價格及交易架構，並經董事會簽署意向書之後。

　　然而，不論是「重大消息」或「必然發生」、「必成為事實」，均屬十分抽象之標準，對於企業經營者而言，將形成難以預測之風險。

　　以前述南紡案為例，下列幾點均難認為購買股票之行為與內線交易有關：

(一) 南紡案所涉及之合作標的僅為南紡公司諸多關係企業中，一家位於越南之孫公司，且該公司對南紡貢獻度及重要性極低，甚至在96年至99年間貢獻為0仟元，2013年度該孫公司對南紡之貢獻亦僅有1.56%，此一孫公司之合作案顯然對於南紡不具重大性。

(二) 南紡公司董事長為支持祖父開拓之事業，多年來持續買入南紡公司股票而未曾出售，其於102年8月29日依過去多年習慣所買進之股票，僅占總持股數約0.3%。

(三) 至102年8月29日交易雙方對於價格未有任何共識，雙方上級亦未碰面或討論，遑論進入意向書或合約之磋商或簽署。

(四) 聚陽公司書面會議紀錄及該公司幕僚之證詞，均顯示102年8月27日雙方對於投資架構、投資方式及投資標的為老股或新股，仍處於幕僚初步交換意見階段，且雙方幕僚皆無決定權限，故就評估價值之基礎（並非買賣價格）各自回公司徵詢高層意見，合作案是否可成，猶未可知。

(五) 聚陽公司書面會議紀錄及該公司幕僚之證詞，均顯示截至102年8月

30日時，就投資架構、投資方式及投資標的皆尚未決定，聚陽公司非但尚未決定投資，甚至聚陽公司於書面會議紀錄明載考慮放棄投資。

(六) 聚陽公司幕僚之證詞顯示，如南紡公司不接受聚陽公司102年9月18日合約之投資架構、投資方式及投資標的，該併購案即可能破局。

(七) 聚陽公司幕僚證詞顯示，聚陽公司係於102年9月始完成併購案之評估。

(八) 南紡公司102年9月6日提出之合約初稿，與雙方於同年10月3日簽訂之合約內容差異甚大，兩者在買賣原出資額（老股）價金、增資（新股）價金、買賣標的、每一出資額（每股）價金、經營責任劃分、經營權歸屬、連帶債務責任等重大事項之約定相異，有待雙方持續磋商談判。

據上可見，南紡案交易雙方於102年8月27日會議磋商階段時，聚陽公司幕僚被授權之評估價值基礎（並非買賣價格）上限為0.75美元，南紡幕僚則堅持評估價值基礎（並非買賣價格）為0.8美元，因雙方幕僚皆無決定權限，須各自回公司徵詢高層意見，合作案是否可成，猶未可知，難認雙方已達成共識，自不可能知悉併購案「必然發生」、「必成為事實」。該案南紡公司董事長雖基於無意耗費司法資源之考量而在刑事程序選擇認罪，但在投保中心提起之解任董事訴訟中，民事法院卻受刑事認罪之影響，採取「價格趨近一致時，即為重大消息明確時點」之相同看法。

此例一出，全然推翻過去諸多最高法院刑事案例之內線交易認定標準，使得併購投資案件之前階段，於雙方幕僚協商評估價值基礎（並非買賣價格）尚未達到共識前，即已構成重大消息明確。

除刑事責任外，109年6月10日修正之證券投資人及期貨交易人保護法，新增「經法院裁判解任確定後，自裁判確定日起，三年內不得充任上市、上櫃或興櫃公司之董事、監察人」之規定。換言之，縱因涉案情節輕微，於刑事程序獲判緩刑，或者被告在刑事程序未經調查證據即選擇認罪，亦有可能因證券投資人及期貨交易人保護法之新規定，使得其自裁判確定日起三年內均無法再擔任上市櫃或興櫃公司之董監事或法人董監代表。

　　法院就內線交易「重大消息明確」之認定，因南紡案與其他案件明顯歧異的見解，對於未來投資併購案件中何時為重大消息明確時點而不得再為股票買賣，發生嚴重的不可預測性，值得國人省思及注意。

　　至於公司內部人及參與潛在投資併購案件者，面對抽象的內線交易「重大消息明確」標準，是否可能避免陷入民刑事訴訟泥淖？在南紡案之後，筆者僅能建議：

(一) 只要雙方幕僚開始準備、規劃或接觸時，無論交易架構或價格是否成型，都應避免各方公司之股票交易。南紡案之交易雙方幕僚於102年8月27日會議磋商階段時，聚陽公司幕僚被授權之評估價值基礎（並非買賣價格）上限為0.75美元，南紡幕僚則堅持評估價值基礎（並非買賣價格）為0.8美元，因雙方幕僚皆無決定權限，須各自回公司徵詢高層意見。於雙方幕僚協商評估價值基礎（並非買賣價格）尚未達成共識之前，法院逕認此已構成內線交易，理由是「價格趨近一致時，即為重大消息明確時點」。

(二) 不論併購投資或合作標的之主體為子公司或孫公司，且其重要性及貢獻度是否不高，均應避免買賣上市櫃或興櫃母公司之股票。在南紡案，洽談投資併購之主體並非南紡公司本身，而是一家孫公司，96年至99年間貢獻為0仟元，102年度該孫公司對南紡之貢獻亦僅有1.56%。

(三) 須徹底避免對各方公司之股票進行交易，即使交易數量不多，都應該避免。在南紡案，南紡董事長為支持祖父開拓之事業，未曾出售一張股票，且其於102年8月29日所買進之股票，僅占其總持股數約0.3%。

(四) 或許有人認為妥善留存股份交易之依據、原因、計畫，並且證明股份買賣是屬於多年有「規律」且「連續」執行「計畫」，例如將獲配股息增購股票者，即可如同東森國際案避免被認定為內線交易。然而，在南紡案，南紡董事長多年來持續買入南紡公司股票、未曾出售一張股票等情，並未被法院採納，唯有徹底避免股票交易方為最安全之選擇。

　　此外，依照109年1月15日公布之商業事件審理法[24]，未來涉及內線交易之民事上權利義務爭議，以及董監事解任訴訟，將由商業法院之商業法庭處理，但不包括刑事訴訟。未來商業法院就內線交易「重大消息明確」之認定，是否能夠有較爲一致的標準，而能具有可預測性，且拭目以待。

---

[24] 商業事件審理法第2條第1項、第2項第2款及第3款：「本法所稱商業法院，指智慧財產及商業法院；所稱商業事件，分爲商業訴訟事件及商業非訟事件，由商業法院之商業法庭處理之。」、「商業訴訟事件指下列各款事件：……二、因下列事件所生民事上權利義務之爭議，且訴訟標的之金額或價額在新臺幣一億元以上者：(一)證券交易法之有價證券詐欺、財務報告或財務業務文件不實、未交付公開説明書、公開説明書不實、違法公開收購、操縱市場、短線交易、內線交易、不合營業常規交易、違法貸款或提供擔保……三、公開發行股票之公司股東基於股東身分行使股東權利，對公司、公司負責人所生民事上權利義務之爭議事件，及證券投資人及期貨交易人保護機構依證券投資人及期貨交易人保護法規定，訴請法院裁判解任公司之董事或監察人事件。」

國家圖書館出版品預行編目資料

爭端解決新趨勢：商業事件審理法評析／協合
國際法律事務所著. -- 初版. -- 臺北市：
五南圖書出版股份有限公司, 2021.03
面； 公分
ISBN 978-986-522-441-7 (平裝)

1.商業事件審理法 2.商務仲裁 3.個案研究

586.48   110000374

1UE9

爭端解決新趨勢
商業事件審理法評析

作　　者 ― 協合國際法律事務所（447）

發 行 人 ― 楊榮川

總 經 理 ― 楊士清

總 編 輯 ― 楊秀麗

副總編輯 ― 劉靜芬

責任編輯 ― 黃郁婷

封面設計 ― 姚孝慈

出 版 者 ― 五南圖書出版股份有限公司

地　　址：106台北市大安區和平東路二段339號4樓

電　　話：(02)2705-5066　　傳　　真：(02)2706-6100

網　　址：https://www.wunan.com.tw

電子郵件：wunan@wunan.com.tw

劃撥帳號：01068953

戶　　名：五南圖書出版股份有限公司

法律顧問　林勝安律師事務所　林勝安律師

出版日期　2021年3月初版一刷

定　　價　新臺幣280元

經典永恆·名著常在

五十週年的獻禮 —— 經典名著文庫

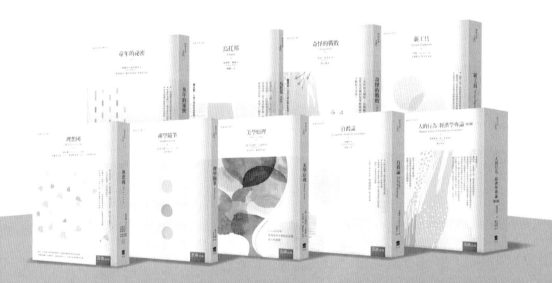

五南,五十年了,半個世紀,人生旅程的一大半,走過來了。

思索著,邁向百年的未來歷程,能為知識界、文化學術界作些什麼?

在速食文化的生態下,有什麼值得讓人雋永品味的?

歷代經典·當今名著,經過時間的洗禮,千錘百鍊,流傳至今,光芒耀人;

不僅使我們能領悟前人的智慧,同時也增深加廣我們思考的深度與視野。

我們決心投入巨資,有計畫的系統梳選,成立「經典名著文庫」,

希望收入古今中外思想性的、充滿睿智與獨見的經典、名著。

這是一項理想性的、永續性的巨大出版工程。

不在意讀者的眾寡,只考慮它的學術價值,力求完整展現先哲思想的軌跡;

為知識界開啟一片智慧之窗,營造一座百花綻放的世界文明公園,

任君遨遊、取菁吸蜜、嘉惠學子!